克服倦怠

30種突破困難，心不累的生活進階法

彭孟嫻 著
Jessica Peng

Chapter 1

倦怠克服法的「再造力」

Chapter

2

倦怠克服法的「應急力」

Chapter 3

倦怠克服法的「整合力」

推薦序

倦怠感是阻力？還是助力？

文・陳冠仁

倦怠感，我相信每個人都曾經有過。

機器都會有沒油沒電的時候，更何況是人呢？但是，人生不可能因為倦怠感而停滯，我一直以為倦怠感是人生前進的阻力，直到拜讀孟嫻的《克服倦怠》，才真正的轉換思考：倦怠感，究竟是一種阻力？還是其實是一種助力？

我所認識的孟嫻，不僅是加拿大調停中裁協會會員，從事法律調停工作，更是一位專欄作家，從她的文字中，看到了專業，更感受到了活力。有許多章節、片段、甚至文句，都會讓我不禁反覆思索、咀嚼，甚至最後恍然大悟：原來倦怠感，是讓人生向上的一種必經轉折，如同汽車排檔，開過車的人應該都知道，汽車在一檔轉換至二檔的過程中，轉速必定會先停滯甚至下降，轉檔後，轉速才會同時拉升車速。人生亦復如此。

我是一名法律實務工作者，面對的大多是客戶負面情緒，承受的是案件勝負，在這種環境下，職業倦怠感一定會有。以往，我只會去思考該怎麼避開，頂多就是讓自己休息一下再出發，但自從閱讀這《克服倦怠》後，才真正豁然開朗：「原來這不是停滯，而是一種轉折」，讓我領悟到許多以前不曾思索過的問題，更重要的是，它讓我了解到：原來，無法克服職業倦怠感，不是因為用錯了方法，而是一開始就用錯誤的心態去面對。

我很喜歡書中的一句話「職業倦怠是『現象』，不是症狀」，也相信不同的讀者閱讀時，一定會有不同的體悟，甚至和我一樣，不知不覺地會期待下一次倦怠感的來臨，迫不急待想用此書所學到的、所看到的方法，去嘗試克服、面對和突破，讓自己更加成長。

很感謝孟嫻能寫出這樣的書，更感謝孟嫻提供新的觀點與克服方法。如果您對於工作、生活已經產生倦怠感，絕對需要看這本書；如果您還不曾有過倦怠感，更需要閱讀這本書，因為您會少走很多冤枉路，少花很多時間。再次向大家推薦這本書。

※本文作者為明冠聯合法律事務所主持律師、國防部公聘律師

前言

改寫倦怠感，做人生的主人

人生中的「**事與願違**」與「**生活失序**」，容易讓人產生倦怠，而人對於目標的**結果論**，使得自己在遭遇瓶頸當下變得**太在乎**，也會因過度努力變得**太忙碌**。尤其當理想與實際產生差距後，造成的**失控感**與**無力感**，讓人意志萎靡，就會出現疲憊與倦怠，要讓倦怠有效恢復，需要在生活中按下**暫停鍵**。暫停不是完全停止，要有「**休息期限**」與「**思維觀念**」來控管恢復的時間，在過長時間的停滯中，如果沒有著手解決原本的問題，反而會讓倦怠的狀況加劇。

人生就如同握筆作畫。在積極完成人生畫作的過程中容易忘記：並不需要在自己的人生畫布上「急於完工」，也不需要在畫作中設定「完工時數」，但是一定要每日逐步「投入目標」。很多人在工作與生活中急於填滿人生，殊不知可以依序進行。

多數人對於工作責任與生活事務不敢停歇，總是不斷地在趕工，深怕人生畫作當中有太多空白，總是**最後身心俱疲才意識到人生畫作也可以有一點「留白」**。

其實，人生不需要立即做出最好的展現，可以用「合適」自己的速度，不疾不徐地逐步勾勒出想要的生活。在人生的畫布上，你就是掌握色盤的人，你有權調動「色彩」的能力，調出最適合你的人生色彩，就算現在你的人生畫版上的顏色不被外界所認同，也不需要去迎合別人的喜愛，因為**你有掌握人生調色盤的用色「自主權」**。

換言之，就算你目前的人生畫作，無法有美好呈現，這當中有家庭因素、情感因素、工作因素，造成你的內在疲憊，導致你的生活猶如「畫錯的」或「被毀的」畫作，**仍然能夠在不滿意的人生畫作上「從新疊色」**。讓新的色彩「取代」過往的倦怠，讓你在原本不如意的生活畫作，疊上新的色彩。因為握有人生畫筆的你，有「機會再造」的改變能力。

人生需要「改寫」倦怠，任何一個落差都是機會再造的時機。社會上看似快、狠、準的高效率，都是讓現代人焦慮與不安的因素。關於**工作倦怠、生活倦怠、關係倦怠**，絕對可以調整內心，做到最好的改變，因為「改變」並不需要頻換工作或者遷移生活城市，改變只需要從內心做起。**當你的內心有意願想要改變，你就「立即」有改變的能力。**

倦怠感的「機會再造」

在這紛亂的世界，我們可以做些什麼？

我們常常精疲力竭地活著，深怕一鬆懈，就會在人生軌跡中落後，不敢停歇地努力，莫名地背負著「永遠都不夠好」的魔咒。直到「累」在生活中送出警訊，身體的病痛，精神的倦怠波濤洶湧而來，這時候，我們需要克服倦怠，突破困境，改寫生活！

倦怠不只是身體上的累，更是意識上的累。自我實現的每一步都會伴隨著疼痛。但是，當中每一步的前進，都能夠產生新的契機。當人生遇到撞牆期，你可以翻牆，也可以暫時喊停，但是絕對不能放棄自己。

當目標受挫，我們需要的只是「解決問題」，而不是改變問題。**因為只要讓本來的問題解決，那麼問題就不再是個問題，這樣也就等於「突破困難」讓倦怠消除。**

「克服倦怠」需要改變。但是，改變，也分為「變好」與「變壞」。什麼是所謂的好？什麼是所謂的壞？

過度積極讓「成功」兩個字成為人的標竿，每個人都無止盡的衝刺。因此世俗的名利與功名是多數人心中的「好」，使得有人不敢追求內心的熱愛，擔心會不符合現今社會的成功定義，陷入無法跟上世俗成功的焦慮與沮喪。也有很多人已經很努力，仍然無法達到社會上所定義的成功，深陷內在無力感，覺得無論如何努力也無法逆轉勝。當理想與實際產生差距，倦怠感就嚴重加深，變成世俗成功定義中的「壞」。

人活在這個世界上，需要活出屬於自己心中的價值，顛覆世俗所謂的「成功論」。你的人生，只有自己可以計分，外界的論斷都不該列入評斷自己的分數。更好的方法是：**人生不需要計分，因為真正的成功是把自己的生活，建構出屬於你自己想要的樣子。**

倦怠感的「命運關聯」

命運與機會有緊密關聯。**機會往往來自兩部分：其一，自然形成，也就是機運。其二，自己創造，也就是開創。**

通常人對於機運的到來，都會感覺雀躍。但是，錯誤的機運，比沒有機運殺傷力更大。因為生活暗藏「機會警鐘」，這個世界上並不是所有的機會都是好的機會。有些機會其實是惡魔的化身，人選了錯誤的機會，有時候就等於身敗名裂。

在職場中，很多工作疲憊、人際糾結、同儕比拼或是上司要求，讓人無法好好地施展才能。此外，面對生活出現不順遂，愛情出現關係惡化、夫妻出現磨合困難、家人出現關係糾結，都是倦怠感產生的根源。包含了父母與子女的代溝、公婆與媳婦的衝突、長者照顧的疲憊與教養子女的勞心等，讓人無法在生活中得到平靜與休息，更不敢按照內在的渴望來勾劃人生，倦怠感也就越來越嚴重。

這幾年，無論病毒或戰爭，造成社會秩序紛亂，直接或間接影響人的內心與各地民生，疫情造成的經濟波動，引發嚴重通膨，使得許多人在金錢壓力中產生更大的倦怠感。

世界衛生組織對於「職業倦怠」的定義如下：

一、能量耗盡或疲憊的感覺。

二、增加與工作的心理距離，或與工作相關的消極或憤世嫉俗的感覺。

三、降低職業效能。

倦怠（Burnout）這兩個字的用法，發生於生活與學校各個領域，以及家庭婚姻、人際關係等，倦怠代表「耗竭的狀態」；倦怠並不是只是「職業倦怠」，不屬於醫療狀況（It is not classified as a medical condition.）。

換言之，**職業倦怠是「現象」，不是症狀。**

職業倦怠的現象當中的綜合症（Syndrome）無法如同其它醫學疾病可以藉由檢測確診，例如高血壓、糖尿病、腎臟病、肺病或心臟病等可以藉由檢測知道。如同世界衛生組織文獻中對於倦怠的描述：「Burn-out is a syndrome conceptualized as resulting from chronic workplace stress that has not been successfully managed.[1]（「倦怠是一種**綜合症**，以概念化來說，是由於長期的工作壓力且未能成功管理而來）。

在「倦怠綜合症」當中，倦怠感會讓人感到命運顛簸的沮喪。因此人在生活中要能區分什麼是「值得堅持」與「不值得堅持」。仔細想想，你就會發現：**工作與生活中的堅持，有很多部分其實是「不需要堅持」**。「篩選執念」就是區分堅持與否的重點。「好的執念」幫助個人提升，相反，不好的執念會耗費心力。

克服倦怠

倦怠是有方法克服的。當你看似沒有盼望，仍然有方法可以讓個人產生力量。這本書就是要分享「克服倦怠」的方法，幫助你在職場中、生活中與關係中突破困難，陪伴你依照「自己的生活步調」，做到逆轉勝的「再造力」、「整合力」以及「塑造力」。**書中有三十篇克服倦怠的方法，幫助你在遇到困難時，重新審視困境，創造你想要的人生。這本書完全是以我個人的觀點與經歷所寫**，只在此篇「序文」引用幾句世衛組織對於倦怠的定義。除此之外，全書「不引用」國際作者的學說，因為那些內容都可以上網搜尋。**完全是我個人對於「克服倦怠法＋困難突破法」的觀點。**

人會感覺困難無法突破，往往是因為還沒有找到開啟困難的鑰匙。當在解決困難的過程中，知道解決問題的方式，就可以讓困難不再是困難。困難情境中的「無力感」與「失權感」，就是倦怠的源頭。面對人生中的寒冷，會感到很難適應。其實並不是困難無法突破，而是當下沒有辦法看到冰層以下的生機。

倦怠感的產生，有時候是因為事與願違，讓等待過程轉變為內在倦怠。生活中的障礙無處不在，當你遇到外在的人事物阻礙，造成心理疲倦，需要提醒自己：**「人的一生總會過去，不要糾結在沒有意義的事情，要知道什麼事情需要爭戰，什麼事情無須理會。」**

朝向目標前進並不需要時刻處於過勞，只需要在努力的過程中有所堅持，在堅持的路上有思維活水，這樣就能看到人生冰層下的生機，達標只是早晚的事。人對於困難感到的「累」，主要是因為「努力」與「結果」沒有成正比。可是，如果能夠控制自己的內心感受，就能突破障礙，讓看似沒有出口的路徑，出現柳暗花明又一村的景象。

要克服倦怠，就要練習讓自己每日保持平靜，平靜有時候比爭戰更有效。「爭」或許可以得到短暫的快樂，但是爭絕對不會得到長期的內心平靜。除非你的權益嚴重受損，那你就需要爭。如果只是工作與生活的事與願違，那就不要爭。**當你感覺逆境就像是逆時鐘，其實你完全可以有自我調控的能力，把逆時鐘轉的指針方向調整為順時鐘。**

人需要在平日保持正能量，但是當生活中的倦怠感出現的時候，先不要逼迫自己「加強」正能量，因為倦怠是身體或心力的「過勞」，這個時候，需要讓「正能量」與「負能量」都暫時休息。**倦怠初期讓工作與生活中先按下暫停鍵。**藉由暫時抽離，可以更理性的看待當下，事情也比較容易迎刃而解。甚至，**休息期間不關注人事物的糾結，事情反而就**

會自然解決，因為我們曾經認為太在意的問題，很多其實根本都不重要。相反地，沒有在倦怠感初期暫時喊「停」，就容易讓身心過勞而產生疾病。

任何問題都可以解決，只是解決的方式與你所想略有不同，要讓疲憊的狀態不要發展至倦怠的階段，最好的克服方法就是「接受不一樣的解決方法」，因為當問題解決了，你也就不會感覺倦怠。

倦怠感的「下坡上坡」&「突圍精神」

生活中並不是所有的進步都是上坡，其實有時候進步是從下坡開始。人生任何的落差，當中的距離都可以藉由突破困難來改寫遇到的瓶頸，並不是只有「超越」才是機會再造，有時候「放棄」也是另一種機會的選擇。

我們偶爾會感覺生活遇到死巷，陷入困局，並非無法突圍，而是需要用「新」的方式進行解套。藉由克服倦怠的「再造力」，先讓自己與內心倦怠共存，在充分休息後，就能夠自然恢復清淨的心態。

倦怠感的出現，通常並不是因為人的意志力薄弱，而是因為外在困局影響內在動力。因此要增強你的內控能力，著手解決問題，不要糾結在為什麼，只要把問題解決，讓本來的問題不再是問題，倦怠感就可以減輕。

事與願違的當下，千萬不要為了目標無法達成而難過，儘管現在無法完成目標，並不代表以後無法達標。如果你選擇的目標是你熱愛的項目，從中找到樂趣，在目標努力的過程中不要急著達標，要有匠人精神，學習匠人聚精會神地打磨器具，過程看似極為辛苦，但是努力的匠人，享受完全呈現心流的快樂。

人有時候是因為「太勞累」而失去突圍的動力，而不是因為沒有能力而失去突圍的衝力。生活不能過勞，因為勞累容易產生倦怠，那樣的倦怠感就像自己被一層又一層的城牆緊緊地圈住，讓個人「自主權」完全失去領地。那種無法突破的窒息感，會讓人失去前進的動力。其實倦怠不是一個人的能力不夠，而是因為人失去自我「主控權」。

人生的困局猶如「突圍遊戲」。每個人在人生中會遇到不同的挫折。但是相同的是，**遇到挫折的時候，就要有突圍精神來改變當下的狀況**。在職場倦怠、生活倦怠、關係倦怠，有突圍的方法。**突圍並不是使用蠻力，突圍必須要有對的方法，才能在困難中，找到**

突圍的縫隙。

人生的個人目標，在未達標的時候，很難感覺成就感。但是只要我們知道個人目標的意義，就不會讓別人的冷嘲熱諷影響我們，也不會讓別人的惡意評判阻礙我們。人的倦怠感出現，除了操勞，有時候也是因為過度擔心讓憂慮抑制正能量而產生倦怠感，對於周遭人事物「**過度在乎**」，這樣就會糾結在不需要擔憂的小事情。

不要忘記人生只活一次，當你感到倦怠，可以到博物館或歷史景點走走，感悟歷史的軌跡。當你置身於「景物依在，人事已非」的歷史長河中，就會意識到人生瓶頸只是當中極小的部分。關於人生，對於事與願違的不順遂，要以「一笑置之」、「置之一笑」，這樣才能夠真正成為自己人生的主人，不會被倦怠感占據你的人生。本書《**克服倦怠**》**30種突破困難，心不累的生活進階法**。讓我陪伴讀者們克服倦怠，突破困難，生活進階。

1 倦怠症「Burn-out an 'Occupational Phenomenon': International Classification of Diseases.「World Health Organization, World Health Organization, 28 May 2019, https://www.who.int/news/item/28-05-2019-burn-out-an-occupational-phenomenon-international-classification-of-diseases.

Chapter 1

倦怠逆轉勝的再造力

01

逆轉局勢

倦怠時鐘，可以逆時鐘轉，也可以順時鐘轉

克服倦怠法＋困難突破法

當你感覺逆境就逆時鐘，其實你完全可以有「自我調控」的能力，把逆時鐘轉的指針方向調整為順時鐘。

有關人生，你可以「自己控制」轉動你的感覺時鐘。你對逆境的感受，可以重新調轉。

人有無限的可能性，但是當一個人把自己遇到的逆境認定為威力太強，就會讓自己的內在力量變為薄弱。其實，任何的逆境，你絕對有主控的權力來駕馭逆境，逆轉局勢。

人生猶如「迷宮路徑」，心態是行走的重要指標。在前行的過程中，我們無須預測，只需探索。

——彭孟嫻

人對於人生方向具有**逆轉勝**的能力。當你感覺逆境像是一個逆時鐘，總是諸事不順地逆向轉動，其實你完全有能力自我調控。這就如同時鐘指針調整，由逆向轉為順向。

有關人生，你可以控制你的感覺時鐘。對逆境的感覺，是可以重新調轉。生活其實可以訓練自己做到：「想到快樂，快樂就會來；想到正能量，正能量就會來」。要做到這樣的思緒控制其實不難，最重要的就是遇到逆境，要告訴自己：「那不重要」。

其實很多時候你感覺事情不順遂，是因為「**太在乎**」！

太在乎，會讓你自己的生活感到脫序，也就會讓你自己的**情緒時鐘**無法順時鐘轉動。在生活中過度在乎當中成敗的人，就很難看到事情的大局，因為把太多的精神關注在小事上，容易誤以為生活脫序。

如果你意識到可以藉由**個人意識**調動思想，就可以藉由**調整意識**來改變**內在感覺**。就像吃飯的時候，要先拿起碗，或是先拿起筷，都可以由你的個人意識決定。當你對生活產生倦怠，需要由個人意識發覺，然後調整意識知道休息的重要，才能改變你的內在感知。但是，休息是必須控管，因為無止盡的休息，會讓你與社會運作脫節，要讓逆境調整方向，可以調整時間，但是不可以切斷電源，也就是個人的動力必須在休息片刻後繼續持續。

面對逆境，人其實是有心理排斥的現象，甚至會出現心中抗衡事實的怨懟。可是當不順遂帶來心理的衝擊，如果能夠喚醒內心轉變的力量，那麼面對逆境通常可以逆轉「順」，甚至可以逆轉「勝」。

面對逆境，要能駕馭迷失

生活的難處，容易讓人產生人生困惑。尤其面對目標成果未知的時候，就會感覺迷失。這樣的迷失容易產生內在誤區，誤以為看不到未來，對現在的路徑堪疑。這也會使得明明是在正確路徑，也會誤以為是逆境，因為無法預測未來結果，在心中產生慌亂，這正是形成倦怠產生的因素之一。

不知道你們對於**迷宮路徑**熟悉嗎？我在加拿大曾經在夏天造訪一處知名的向日葵花園。從入口瞭望廣闊無邊際的向日葵花園，立即興奮地從花園入口走進。當我進入花園後，忽然意識到多數向日葵都比我的身高還高，因為種植面積寬廣，花園中的路徑有類似九宮格的標示。可是，就在密密麻麻的向日葵花園，剛開始開心照相的興奮感過後，便因為豔陽高照的氣溫感到頭腦昏眩，想要往出口處尋找可以歇息的遊客咖啡座，卻無法走出迷宮般的路徑，甚至想要從原路返回，也無法確定回頭的路徑。

像這樣的迷宮路途，如同人在目標設定當下是充滿興奮感，所有的未知在還未實際行走時，會有很多的美好遐想。但是，一旦開始朝向實際目標行走，就會發現達成目標的興奮感頓時消失，因為當中的同業有可能已經高大到把你可以看到的路徑淹沒，讓你不知道前行的方向。就算想要走回頭路，也已經忘記前來的路徑，過程中再遇到豔陽高照般的逆境，更會讓原本雄心勃勃的你，落入倦怠的心灰意冷。

其實，要克服這樣的內在困境與外在困境，最重要就是要從**個人心態**做起。

在向日葵花園行走，為了躲避豔陽，急於找到出口休憩處，眼睛就只定睛在高聳的向日葵，因此感覺被向日葵花園的迷宮路徑所迷失。如果能夠先在心態上趨於平靜，就可以察覺到需要避開豔陽休息，在向日葵與向日葵中間的陰影處，隨處都可以是涼爽的休憩處。

人生也是一樣，在前往目標的過程中，感覺逆境般的熱度過高，並不需要急著加速前往目標，可以用自己覺得舒服的步伐逐步前行。在感覺需要休憩的時候按下暫停鍵，讓身心靈能夠有喘息的空間，如此一來，不需要倉促前進，也不必要立即返回。

心態是行走的重要指標。換言之，目標的指標在你的「心」，而不是在你的「眼」。

人之所以會把前路看成迷宮般的九宮格，就是因為眼中所看到的部分無法確定終點。但是，如果你的心知道前進是為了自我實現，就不會只在乎周遭的一切，會把路徑當中的一切視為人生風景，就算是逆境，也算是另一番風景。就像行走在向日葵花園的各條路徑，就算走錯了，換個路徑，一樣可以達到原來設定的目標，就產生了猶如時鐘逆轉的能力。

面對倦怠，需要過程探索

人在生活中或工作中的疲憊，確實有很多是由外在人事物造成我們失去對局勢的預測，因此產生「無力感」。

其實，**在前行的過程中，我們無需預測，需要的是過程探索**。如果在做事的過程都希望預測到結果，將會減低在過程探索的滿足感。就如同許多藥廠研發藥物的過程，也許目標是訂定在A藥研發，但是過程中可能就研發出B藥。因為每一件事情遇到的看似與目標相左的部分，如果好好運用，都可以看到**另一個結果**的呈現。

人都會有想要控制全局的期望，卻因控制容易帶來焦慮。因為一但偏離人可以控制的部分，就會造成心中的不確定感。因此，你需要訓練自己，無論你現在所處的處境與本來預測的有多大的差距，你仍是穩健地站在**同一個定標**。

舉例而言在職場，就算被裁員，你只是失去工作位置與頭銜，但是在工作中的**人生目標**仍是存在。換言之，你在當下的失去，並不需要改變心中的人生價值。自我實現是由個人內心決定，而不是由工作崗位決定。當所處的工作有異動，你仍然還有很多不同的路徑可以前往心中的願景。

人會在逆境中糾結，就是因為人把目光投射在游移的人事物，在乎太多無關緊要的人或毫不重要的事「影響你的生活」。其實，**生活的時鐘，雖然無法改變分鐘數，但是可以改變撥動時鐘的方向。**

現代人工作壓力大，凡事講求效率，因此要讓生活焦慮消失，就要時刻注意自己的心，不要讓外界的干擾，造成內心的紛亂。雖然社會充滿資源分配難以公平，競爭也仍然無法避免，但是競爭的心可以從你的生活刪除，當別人把你當成競爭者，你其實可以不用理會。換言之，只要專注在你自己正在努力的事情，就不需要在意周遭的複雜路徑。

這也意味著社會競爭的事實存在，如果你能夠駕馭自己的內心，就能夠讓內在的壓力以**一笑置之**來紓解，就可以在目標堅持的過程中，少受一些內在痛苦，也可以避免落入倦怠的牢籠。

人有無限的可能性，當一個人把自己遇到的逆境認定為威力強大，削弱了自己的內在力量。其實，任何的逆境，你絕對有主控權力來駕馭局勢。每一天的時間分鐘數是可以決定的定數，方向也是可以由自己掌控，就算外在阻礙讓目標成為逆時鐘方向，你要有能力調整為心中的順時鐘方向。

02 推擠現象

等待與推擠產生的突發倦怠感

克服倦怠法＋困難突破法

倦怠的產生有時候是因為在目標過程的進行中「等待過久」，就會失去達標的耐心與希望。如果再加上遇到嫉妒者的外力介入阻擾你在目標的前進，人就會感覺走的很累。

其實「等待」與「外力介入」產生的推擠效應，只要你運用得當，反而是能夠對你形成助力。因為人是很容易進入懈怠，因此在等待中所遇到的推擠效應，如果你知道如何督促自己，就可以形成進階的有利資源。

要克服「等待」倦怠，就是要讓自己在「慢」進展中找到快樂。除此之外，在職場與生遇到「推擠」，只要你把本分做好，就能夠「關關難過，關關過」。

——彭孟嫻

人之所以會感到倦怠，有時候是因為理念無法達標，造成個人的內在感受紊亂，開始懷疑自己堅持的目標是值得還是不值得。

但是，一但人的**著力點錯誤**，就會讓心志的力量分散。就像熱帶植物種在寒帶氣候，就算植物想要有著力點奮力生長，但是因為環境屬性差異太大，卻無法向下扎根。這就像人一但有**過度的理想化**，可是理想、理念與實際一但產生落差，導致在努力的過程中產生倦怠，內在心境就會萌生苦毒。

當理念無法達標，並不一定是目標本身有任何問題。**任何倦怠產生都不能忽略源頭，如果是因為理念無法達標，就必須不斷地調整過程中的小步驟。**

小步驟看似微小，卻是目標達成最重要的基礎。

當步伐錯誤，方向自然就錯誤，人總會在前進的過程中頻頻回首，擔心調整步伐，恐怕會失去過去的努力成果。其實，**過去沒有什麼好留戀，人連一生都會過去，又何必糾結在過往的步伐**。

重要的是，在前行的過程中要避免患得患失。任何的目標在達成的過程中，難免會遇到突發狀況。如同種植花草，不免會有遇到蟲害或鳥類啄食未成熟的果實，因此養花種樹，不能只考量種子的發芽率，還要預想可能會遇到的氣候與蟲害，才能在不如人意的狀況發生時，欣然接受當中的狀況。

等待與推擠產生的倦怠

很多年輕人問我：「在這個競爭的時代，好像做什麼事情都很難成功，因為無論哪一個行業都相當飽和，當中有成就的人又太多，該怎麼辦？」會問這樣問題的年輕人，大多數都是對自己的人生有期許的人，因為一個沒有期待的人，不會對自己的現況與未來感到壓力。

通常擔心目標難以實現，常常是因為努力與結果沒有成正比，造成在前往目標的過程，久久等待沒有辦法達標所造成的焦慮。尤其在工作中遇到推擠，就會讓人誤以為需要隨時加強抵擋的能力，因此增加個人對事情的倦怠感。

想要解決等待與推擠造成的倦怠感，首先要看到**問題的癥結點**。人容易把目標設定成為自己期望領域中的領頭羊，而不是把目光放在成長的過程。要知道，在羊群之中，「每一隻都相當重要」，不一定要當領頭羊；能夠成為領頭羊，除了需要能力與運氣，還要有面對壓力與進度的耐力，更需要有抵擋攻擊的心理素質，並不是短時間可以擁有。

每一個目標的前進，都需要等待達標的耐心，以及注意嫉妒者對你的推擠。很多時候人會落入倦怠，是因為感覺達標希望渺茫，漫長等待，常常讓人感覺心累。其實等待與外力介入產生的推擠效應，只要運用得當，反而會形成助力，如果你知道如何督促自己，就可以形成進階的有利資源。

要克服等待倦怠，要讓自己對時間有另一種感悟。讓自己在工作進展中的「慢」找到當中的快樂。除此之外，在職場遇到推擠倦怠，只要準確評估自己的能力，好好地把本分做好，就能夠「關關難過，關關過」。我在攀登墨西哥太陽金字塔（Pyramid of the Sun）的過程中，就深切領悟了這樣的職場生存哲學。

我還記得走訪太陽金字塔的人實在太多，因此，在攀登過程需要長時間的等待，再加上，太陽金字塔是很多前來者想登頂的標的，過程中因為人多而被推擠。但是，只要在攀登金字塔過程中，專注低頭注視自己的腳步，而不是把視野放在上方的遠處，就能一步一腳印地慢慢爬上金字塔頂端，不會因為被推擠而滾落或受傷。

攀登金字塔的過程，就像是進入職場所面對的挑戰。剛進入社會的新鮮人，難免在工作領域會遇到有人同時競爭，需要耐心等待機會的到來。在等待過程中，總是有人會莫名其妙地推擠你。此時，必須以堅忍不拔、永不放棄的精神，來面對推擠你的人。切記，不要把把視野放在打擊你的人身上，更不需把視野放在遙不可及的未來，而是要把眼光放在自己的工作當下，注意自己的足跡。**一步一腳印，逐漸加深耕耘**。

倦怠克服需要注意突發狀況

在職場中，不要害怕有推擠，因為推擠是職場中的常態，不要把職場當中的推擠視為推擠，那麼它就不會成為你前行的阻礙。就算被推擠時，短時間被阻礙了前行的腳步，也要快速調整自己的思緒，不要讓對方繼續影響你。多年之後，當你回想現在所面對的職場考驗，會慶幸曾經遇到被推擠與不平等的待遇，因為**推擠效應，讓你更有耐力與毅力在職場中努力，推動你得到夠好的自我實現**。

此外，在職場攀登，就像晉升金字塔，每一步都需要「慢慢行走」。**因為並不是走得**

快，結果就會好；有時候在攀登的過程中，太快太急促的步伐，反倒會害自己摔個四腳朝天、頭破血流。年輕人要知道，我們並不需要藉由疾走來證明自己，若能穩紮穩打，你將會更穩健地往上走。

生活中想要成就的項目很多，可是時間有限。甚至設定目標範圍太大，還會讓實力難以展現。要避免前往目標過程的倦怠，就要在目標分散時，立即專注目標。任何事情的成效要加深，就要能夠減低無關緊要的目標。

人生中並不是所有的事情都適合自己。除此之外，在生活中要盡量避免對生活都沒有正向助益的瑣事纏身，過度在瑣事中周旋，只會落入連睡覺都不夠的狀況，造成身體上的反彈，疲憊的感覺就會攻擊身體。

我看到許多認識的人，每天周旋在處理別人家的瑣事，卻無法把自家的家庭成員顧好。這樣的本末倒置，就是失去往下扎根的思維。因為古云：「齊家、治國、平天下」，這就說先把自家扎根，才能夠協助社會。

倦怠的產生有時候是因為我們在意的事，別人根本不在意。但是我們會「誤以為」自己在意的事沒有如期看到結果，那就是人生「低谷」。殊不知對於外人來說，那根本不痛不癢。因此**在生活中不要把每一件事情看得過度放大，就容易把人生當中的小事，誤以為是困難。**

在前往目標的過程中面對不順遂，容易如同熱鍋上的螞蟻，龐大的內在焦慮會造成身體的病痛，像是血壓升高、胃酸倒流、心肌梗塞等。人總是要到身心靈處於極度倦怠，才會意識前行的過程不需要快。要克服等待倦怠，讓自己在慢中找到快樂，就能夠「關關難過，關關過」。

03 篩選機會

不是所有的機會都適合你的人生

克服倦怠法＋困難突破法

要克服倦怠需要篩選機會。在機會面前，無論是自然形成的機運，還是自己開創的機會，都需要有「機會警鐘」在自己的思維。

機會是由兩部分而來。其一，是自然形成，也就是機運。其二，是自己創造，也就是開創。

太多人誤把從天而降的好事高估，以至於生活感到失望，倦怠感也就因而加劇。要克服機會抉擇所造成的倦怠，就要謹慎選擇機會，因為錯誤的機運，比沒有機運殺傷力更大。

——彭孟嫻

機會是每一個人都希望擁有的，如果**機會在「錯誤的時間」到來，就會影響人的生活作息，也會打亂原來的生活步調**。尤其當從天而降的機會並不適合你的特質，這時候貿然接受所謂的機會，就會讓你的工作負擔加重，並且出現力不從心的狀況。

人的負重有一定限制，就像在健身房重訓，每一個人可以承受的重量與力度都不同。但是忽然給予的強度訓練，如果沒有循序漸進的練習，就容易因為錯誤的方法，讓自己瞬間受傷。

關於倦怠，需要謹慎篩選機會。倦怠的發生常常是因為心中渴望完成的事項太多，因此造成時間壓縮（Time Constraints），也就間接造成心中疲憊。

在工作與生活中，人都需要有篩選機會的能力。因為機會並不會從天降臨，**機會是會由兩部分而來。其一，是自然形成，也就是機運。其二，是自己創造，也就是開創。**

但是，這兩種機會如果超過負荷，就會造成工作倦怠，等於讓自己受傷。有時候人在順境，許多機會擺在眼前，看似光彩，其實那是最危險的時刻，因為任何一個錯誤的選擇，就會讓你的選擇成為「壓垮你的最後一根稻草」。

每個人在工作中都希望有更好的機會，也願意迎接所有的工作挑戰。但是部分人因為沒有慎選機會，而讓工作往錯誤的方向前進，因此就形成「一步錯，步步錯」的局面。雖然理論上，任何機會錯誤，換個跑道就好。但是，實際上，工作的道路，如果頻換跑道，就等於一切從頭來過，因此慎選機會，比選錯機會更重要。

克服倦怠的機會區分

機會有好壞之分嗎？有的，**機會區分為「好的機會」與「壞的機會」**。

對於好的機會，一般人容易以「從眾性」來選擇，會誤以為更多人選擇的機會就是好的機會，意味著沒有把自己好的特質納入。

這樣的過程，容易使得往後的工作中與群體價值觀格格不入，必須逼迫自己接受與個人價值迥異的群體合作。

其實關於工作，一定要記得：並不是所有的機會都是好的機會。

很多時候，「壞的幾會」會讓人誤以為好運到來，因此沒有考慮後果就貿然接受。這樣的欠缺考慮，就有可能讓壞的機會成為一個人身敗名裂的導火線。在機會面前，你需要注意機會可能帶來的「後果」。這也意味著衡量機會，要預先「考慮危機」才能在選擇與行動中找到平衡點。

曾經我有一名昔日同窗，是一個非常優秀的人才，在二十幾歲的年齡就遠赴杜拜的投資公司工作，參與許多公司合併。當時，他的上司要他加入股份，以他初入社會幾年的青澀年紀，要成為大公司股東，確實仍有一些危機。但是當時他認為機不可失，請家人協助資金籌備，希望能夠把握機會成為公司的合夥人。

由於他是獨子，家人對於獨子成為任職公司的合夥人感到非常開心，他的父母就把積蓄投入。但是只有一年的光景，那家公司創辦人就讓公司惡性倒閉。我的昔日同窗，因此倉促地從杜拜離開，回到加拿大後過著戰戰兢兢的生活。當時的入股機會，就是「壞的機會」，讓一個初入社會的新鮮人，從此背負著巨大的債務。成為合夥人本是好的契機，但是昔日同窗因為涉事未深，對於合夥公司的內部金錢流向不清楚，當初也沒有預估入股後會有金錢損失的下場。

倦怠克服需要「刪除壞的機會」

在我過往的經歷當中，多次被迫參加許多辦公室政治，那是我最不喜歡的部分。我雖然個性外向，喜歡與人接觸交談，但是辦公室政治常常是以小圈圈劃分，小圈圈領導者的價值觀成為小圈圈中每個人需要遵守的價值。

最常見的情況是：小圈圈的領頭者，在工作場合發表了對公司不利的言論，但是小圈圈當中的每一個人都不敢有不同的意見反駁，這樣的情形在表面上看起來都是大家和睦，殊不知這種情況在私底下就會感覺對小圈圈產生排斥，慢慢地就會越來越不喜歡工作。

人都有想要反抗與自己價值觀不同的小圈圈，也都有想要脫離與自己價值觀迥異的小團體。但是因為工作當中的小圈圈有時候與個人工作有關聯效應，很多人只好屈服於職場穀倉效應當中的小圈圈價值。

當無法以行動反抗工作場合的小圈圈，就會慢慢的在心中產生倦怠感，也會讓人對工作的熱忱快速下降。這時候要克服倦怠，就必須要**再次篩選**你眼前所認定的機會。

要仔細問自己，當下的工作是否適合你？因為選擇錯誤機會，如果不及時導正，會讓你在工作中慢慢失去創造力。很多時候，人之所以對工作從喜歡變成不喜歡，有部分原因是來自於職場上小圈圈政治造成的工作倦怠。

這個時候需要好好檢視機會帶給你的感受。如果倦怠真的已經讓你感到心被撕裂的疲倦，那麼休假或者辭職都是修復的必要過程。

篩選機會能維持熱忱力

人的熱忱需要體現在「把自己放在對的位置」。

當你所處的位置無法發揮工作績效，意味著那樣的工作並不適合你。在職場中，並不是所有的機會都適合你。要讓你的特質能夠發揮最大效應，就是要讓自己的能力與熱愛能夠在對的機構發揮，並且需要刪除負面小圈圈的持續干擾。**社會是一個百寶盤，適合別人的寶物未必適合於你。**

因此在倦怠感強烈出現的時候，也是人生路徑再次選擇的時刻。**因為我們的願景，不需要以一條路走到底的方式。當事與願違，仍然可以用「換條路徑」達到相同目標。**

對於工作機會，我們都不需太過理想化，只需要設立合適願景，生活中的挫折，就是給予人的生命警鐘，太多的負面重量，會讓我們步伐蹣跚。

人生中不是所有的人都適合走一樣的路徑。一樣的路，有的人走的順風順水，有的人跌得四腳朝天，原因就是「每個人適合的機會不同」。關於機會的選擇，訣竅是要選擇可以讓自己能力發揮，並且讓自己在工作環境中感到安全與舒服。**至於哪一條路徑最適合你，你的「心」會告訴你。**

機會之所以稱為機會，就是因為當中有「不確定」的部分。篩選機會比盲目投入所有的機會更重要。好的機會能夠讓人突飛猛進，壞的機會則會讓人倦怠痛苦。

許多人妥協於壞的機會，其實在長期效應中並不會讓生活過得越來越好。當你的人生感覺倦怠，你必須送自己一個改變的機會，而並不是妥協現狀。如果不是真心喜歡現在的工作或生活，卻又委屈求全的忍耐，那就會把現在的機會在未來變成遺憾。

04 格局放廣
先放廣格局，才能放高眼界

克服倦怠法＋困難突破法

「眼界放高」並沒有錯誤。但是眼界放高之前，必須先把「格局放廣」。當一個人的眼界總是放得太高，就會在追求目標的過程中，感到患得患失，容易落入倦怠的牢籠。

如果一個人不清楚地放寬廣範圍，就一味地追求「眼界放高」，那就會在前往目標的中途，誤以為那是目標的至高點，那樣就很容易變得驕傲，忘記謙遜。

眼界不是一種虛無縹渺的幻想，眼界也不是一種好高騖遠的期望。真正的「眼界」不是以外在來斷定，而是以「內在情操」來衡量，那是無法用肉眼看到的眼界。

——彭孟嫻

眼界放高，是對，也是錯。

眼界放高如果放在終點，那是對。眼界放高，如果放在起跑點，那就可能不是很適宜。**更準確的說，「眼界放高」並沒有錯誤。但是前提是把眼界放高之前，必須先把「格局放廣」**。

我年輕時常聽到「眼界高才能有更好的目標」，曾經我也深信不疑。但是，隨著社會歷練增多，看到太多眼界高的人，從高處摔落。原因就是定睛高處，完全沒有注意到當中的細節。這樣的情況，就造成很多由高處跌落的人，落入工作倦怠與生活倦怠。

當衰敗的情況發生，有一部分的人會選擇逃離，另一部分人會選擇不斷地嘗試新的事物。但是，接觸新事物並無法解決瓶頸，對於無法到達眼界高點的落寞，會讓人在無法達標之後，產生巨大的「無力感」。

把眼界訂得太高，如果遇到事與願違，就容易感覺心力交瘁，心中的焦慮會讓倦怠感加劇，就是現代人常會出現的**厭世感**。

如果沒有在眼界設定之前，看清周邊寬廣的周遭，在前往目標的半途，誤以為那是目標的至高點，很容易表現驕傲，忘記謙遜。**唯有在前往目標的過程中，先「放廣格局」**，

才能廣納百川，看清周遭各類人事物當中的細節。

只把眼界放高的壞處是：把眼界放高，就會把個人目標訂得太高，在行事過程產生「比較」，也就容易在與別人比較的過程中產生不快樂。另一種情況是，把目標訂得太高的人，在略微達標之後，容易把別人看輕，之後如果從高處落下，就會變得憤世忌俗，自怨自艾。

倦怠的內在感知

生活再造，需要在生活中有「正確的視角」，因為當一個人視角偏差，就會在過程誤判。不要讓錯誤的思維影響你的判斷，要讓生活的努力有正確的順序。

要克服倦怠感，不能只以嘗試新事物來作為克服的方法，因為如果沒有從「內在感知」來認知自己的倦怠來源，就無法知道自己該克服的方向。

人有思維的能力，這樣的能力不是從外在可以看出來，因為內在感知以肉眼無法看到。人之所以需要在生活中拿回自己的主導權，就是因為人可以藉由主導自己內在思維，來調整自己的眼界與看法，同時也讓自己能夠有正確三觀。

當一個人的三觀不正，就算是不斷地嘗試外在的新事物，也會讓「內在感知」與「自我界定」落入不切實際，那所有的外在嘗試就容易因為事與願違而產生倦怠感。相對的，當一個人知道把眼界放在水平線，讓個人的眼界更廣，那就可以在生活中以較廣的人事物包容，形成正確的三觀，讓努力的過程更加腳踏實地。因為同樣的事情，藉由不同的思維，就會有不同的結果。

在這個世界上，太多的價值觀都是定在世俗的成功。但是，殊不知「成功」並不需要符合社會期望，只需要符合個人內在格局。

人不需要要求個人做到業界高點，因為這樣的人生設定會讓人失去過程中的美好感受。人只需要在人生過程中可以成為自己的主人，讓自己的心中能夠有寬廣的見識。

現代人對於所有的人事物「目的性」太高，那就會在努力達標的過程中出現擔心有人迎頭趕過的顧慮。要避免高目標產生的倦怠，最重要的就是要腳踏實地的慢慢行。**因為人生最重要的是「超越自己」，不需要在努力的過成中逼自己一定要「贏」，因為與外界比較的輸贏，會讓人落入倦怠。**唯有讓自己把思維的格局放廣，心納百川，才能夠做到真正的超越自己。

05 對抗疲憊
當事與願違，休息片刻，保持鬥志

克服倦怠法＋困難突破法

工作與生活中，並不是所有的進步都是上坡，有時候進步是從下坡開始。倦怠逆轉的再造力，需要在前進的過程「暫時喊停」與「稍作休息」，在片刻放空之後就能恢復動力，原因就是心已「靜心」與「淨心」。

當人的能量耗盡，如果沒有及時修復，就會從高效率「逐漸」落如低效率。凡事「高標準」的自我要求，會造成無法體會成就感的快樂，因為隨時都感覺自己還不夠好。

——彭孟嫻

倦怠有「漸進」的特質。當一個人感到倦怠，常常是因為疲憊已久，但是人常常因為過度投入在當下人事物的情境，以至於沒有內觀到內在的感受。

以我個人而言，疲憊的發生區分為兩種：其一是「自找的」，其二是「被動的」。

我喜歡把「時間壓縮」（Time Constraints），讓一個小時做出三個小時可完成的事務。這樣的時間壓縮排序，仍然要兼顧工作品質，就需要讓自己隨時處於心流專注的狀態。但是，人畢竟不是鐵打的，總會有身體與精神比較疲憊的時候，但是過去就算我已經非常疲憊，我總是繼續逼迫自己高效率工作，這就讓我常常感到肌肉痠痛、疲憊勞累。每當工作告一階段，身體不適仍然持續。

疲憊對我個人來說，外觀有時候看不出來，因為我多數時間都可以展現精神抖擻的狀態，但是當身體與精神都處於疲憊的狀態，我知道我是強逼自己把個人能量輸出，這樣的後果就是回到家中就感覺能量耗盡，坐在沙發上幾秒鐘就可以睡著，這樣的疲憊其實是「自找的」。

疲憊有時會是被動產生，過往的我，常常在當事與願違的時候，就容易因為在意，而將問題分析過度，這樣的情況會讓大腦於思維上總處於工作的狀態。當思維沒有機會放空，就會讓精神處於緊繃。有時候其它小事出現，就會觸動個人對於事情的過度在意。這樣的疲憊是因為外在事件與內在感受產生落差，所產「被動的」倦怠。

當人的能量耗盡，如果沒有及時修復，就會從高效率逐漸落入低效率。

除此之外，當倦怠產生，生活就會失去開心的感受。凡事「高標準」已經無法體會到成就感的快樂，因為隨時都感覺自己還不夠好。

在我認識的人當中，多數工作繁忙者擔心時間浪費，就會害怕休息時間過多，有的人還會還怕睡眠時間過長，深怕沒有設立鬧鐘，就會讓睡眠影響工作，其實這樣長期倦怠，就會讓工作效率由高轉低。

疲憊時恢復的方法

當我意識到我對於時間過度壓縮所造成的疲倦，就開始注意到休息的重要。

我有一個快速讓疲憊感消除的方式，就是我是一個能夠快速進入睡眠的人。我能夠隨時坐著睡著，就算是只有幾分鐘的時間，我也能夠在白天坐著睡覺。有時候我甚至連站著，只要我閉上眼睛，也常常能進入睡眠狀態。

我記得我還未成年的時候，與女同學們坐公車週末出遊，在公車上因為車輛內部座位滿座，因此我與女同學們就在公車走道站著聊天。那時年少，精力充沛，就算是站著精神奕奕。但是，有一次忽然之間，「蹦」地一聲，有東西掉落，原來是我的手提包忽然掉到地上，原因不是不小心，而是睡著了。當時女同學們很驚訝，因為我在手提包掉落前幾秒還在與女同學對話，當另一個女同學講話的時候，我當下「秒睡」！

由此可知，我可以瞬間秒睡的功力。提到這個生活小插曲，就是希望讀者知道，休息的重要。因為看似精神抖擻，其實身體內部有時候已經非常疲憊。因此，在工作或生活中，疲倦的時候，要略為短暫休息，訣竅就是「閉眼睛」！

我在工作中，多次因為休息不夠造成工作倦怠，這樣的情況是自找。對於倦怠感，人有時候還是需要休息。因為在倦怠的狀態下處理人事物的細節，會讓壓力爆棚。

很多人在工作中不敢休息，是因為認為做事要「負責」，所以就不敢休息。其實我們從小到大聽到長輩提醒「休息是為了走更長的路」，這句話真的很正確。

如果身體與精神處於過度疲憊，有時候難已入睡，也可以用「閉眼睛」的方式，讓自己在閉眼的過程，讓酸痛的雙眼能夠藉由閉眼的動作，讓自己的大腦沈澱雜念，身體也會隨著閉眼的動作感覺放鬆。

倦怠的坡度原理

以我個人的經驗，**用「意志力」來控制當下的疲憊，這樣的方式，仍有必要，但是只在短期有效，如果是用在長期效應，仍然要以「暫停休息」來得有效。**

其實，很多人在工作或生活中不敢休息，是因為害怕休息就會讓進度落後。這背後的心理成因常常是因為「害怕人生下坡」。但是沒有適當休息的努力，之後會有「反彈效應」，會讓身心疲倦感加劇，因為疲憊是會積累，這也就是許多人積勞成疾的原因。

很多人在工作與生活的經營中，感覺好不容易略有成果，因此深怕稍微不努力，就會猶如「逆水行舟，不進則退」。但是，隨著年齡的增長，我發現：**「生活中並不是所有的進步都是上坡，其實進步有時候是從下坡開始」**。

進步要由下坡開始的原理，其實就如同滑雪學習，要先學會「下坡」的能力。當技術精湛之後，才能夠逆向「由下往上」地上坡前進，甚至可以在雪中具有翻轉跳躍的能力。

工作或生活出現下坡，通常會讓多數人在內心感到焦慮，也會有很多人在我們人生下坡階段，向我們投以輕視的言語。當冷嘲熱諷針對你，人就容易產生倦怠感。其實，**當別人越不看好你，你就越要在生活中給自己奮發向上的機會。但是當逆境產生要能夠突破困難，就要先在下坡階段略為休息，之後再蓄勢待發。**

因為任何達標的過程，都會有困難的過渡期。

任何的過渡期都不會讓人感覺舒適，甚至會感覺倦怠。年輕時的我，會在倦怠時期更加逼迫自己努力，以至於多次對工作感到更倦怠。

但是，隨著歷練加深，我發現事與願違的時刻，就讓自己好好的休息，因為在休息的過程，人就會對於「得失心」看得釋懷，倦怠感也會迅速改善。

以我個人的看法，倦怠感就像疾病發現的過程。如果可以早期發現，就可以早期治療。但是，如果就算早期發現倦怠，可是仍然固執不肯改變，那就會讓倦怠發展至更嚴重的狀態。

倦怠感會在精神上出現萎靡，也會直接影響到身體的功能，許多產生工作倦怠的人，會有食慾不振或者食慾增多，也會出現睡不著或者嗜睡狀態，有些時候會有胃痛與頭痛，這些都是我在過往產生倦怠感的時候曾經出現的狀況。

如果倦怠感的出現，沒有在初期暫時喊「停」來讓自己休息，就容易過勞而產生疾病。換言之，倦怠初期就要停下來休息，就會讓問題迎刃而解，因為暫時的抽離，可以更理性的看待當下。

有時候在我們休息期間「不關注」糾結的人事物，事情反而就會「自然解決」，原因就是我們曾經認為很重要的問題，很多其實根本都不重要。

過度在意事情的進展與結果，會造成心中焦慮、動力缺失。這時候要克服倦怠，只要讓自己休息片刻，就能夠把很多事情看開。因為無法繼續向前，不是因為事情太難，而是因為自己糾結。

任何問題其實都能解決，只是解決的方式與你所想略有不同。要讓疲憊的狀態不要發展至倦怠，最好的克服方法就是「**接受不一樣的解決方法**」。因為當問題解決了，你也就不會感覺倦怠。

06 挑戰低谷

人生不必計分，只需要投入，就可得分

克服倦怠法＋困難突破法

有關人生，我們無須計分，因為你只需要投入，就可得分。但是如果你真要為自己的生活打分，只要專注在自己的部分，不要把眼光定睛在別人的人生進展。人根本不需要站在山峰頂端，因為山峰隨著緯度升高，就會讓人感覺空氣逐漸稀薄。人不需要凡事都贏，因為在每一個職位的進階，當中一定有很多讓你無法喘息的壓迫。

每個人都有各自適合的人生路徑，那樣的路徑並不需要符合外界的認同。倦怠的產生常常是因為活在別人的目光，只要你知道你的人生目標，就不需要在意別人的評價，因為你的人生計分只屬於你自己。

——彭孟嫻

關於人生，其實不用計分。但是，如果真的要為自己的人生打分，也只有你自己有資格。換言之，任何人都沒有資格替你的人生打分數。

人會感覺倦怠，有時候真的是自我要求太高。因此，就會希望在生活中方方面面都能兼顧。但是，人生是並不是每一個階段都能以同樣的標準看待。人生除了自己，還有親人，有時候家人的需求，我們也必須列入考量。但是這並不意味著我們個人的人生就等於零分。

這個社會從我們出生之後，就一直處於計分狀態。幼兒還沒有進入幼兒，許多父母已經在育兒圈開始互相比較來「計分」。之後孩子進入學校，無論處於哪一個階段，都必須不斷地以該年齡階段所可以做到的最大努力，來取得成績優異。

「成績」似乎就是判斷孩子優秀與否的「計分」標準。但是，事實上，一個人的道德品格與生活習慣，比學業成績更重要，但是世俗對於成功的計分並非如此。因此，到了成年段，很多人就會持續地在職場比拼，因為人已經習慣以計分衡量自己。

這樣的迷失，就會讓人忽略自己的價值，也會看不清自己的特質，更無法做到自我肯定。相反的，有些人會過度把自己的表現打高分，因此就無法接受任何優秀的人，就是因為內在思維處於「比較」的狀態。

要在這個社會生存，經濟因素就需要仔細做好「計分」。從買房買車都需要「信用紀錄」的計分。以加拿大為例，在這裏生活，處處需要有好的信用記錄：無論是學生貸款（Student Loan），信用卡申請（Credit Card Application）、房貸（Mortgage）、車貸（Car Loan），甚至租房（Rent）、保險（Insurance）、以及個人信貸（Loan）等，經常都要看你的信用報告。而這些金融往來當中的履約紀錄（如是否按時還款），也都會深切影響你往後的信用紀錄，連帶影響到你想要繼續貸款的金額及可能性。

信用記錄計分，如果沒有在平時做好，就會讓個人在金錢運用上出現問題。當一個人在經濟管理有偏差，就會感到焦慮，因為金錢的緊縮會讓人感到經濟壓力，這樣的就會讓人落入倦怠的低谷。

經濟體制的計分，我們無法避免，可是個人「內在感知」就可以由我們自己決定計分方式。其實，**有關人生我們無須計分，但是如果你真要為自己的生活打分，就只要專注在自己的部分，不要把眼光定睛在別人的人生進展。**

倦怠的低谷哲學

其實，人根本不需要站在山峰頂端。因為山峰隨著緯度升高，就會讓人感覺空氣逐漸稀薄。人根本不需要凡事都贏，因為在每一個職位的進階，當中一定有很多讓你無法喘息的稀薄。

每個人都有自己的腳步與路徑，別人走的路不見得適合我們。更準確的說，每個人都有各自適合的路徑，那樣的路徑並不需要符合別人眼中的認同。因為人活著並不是為了得到讚美，也不是為了得到「贏」的感覺。

關於人生，我們只需要一步一腳印的逐步達標，這樣的標準不需要符合社會功利主義定義。在你的生命中，只要你想做的事情就去做。人生不需要計分，就算你想對自己的人生評分，也只有你具有資格評斷自己。換言之，這個世界沒有任何人可以論斷你，**只要你對外界的評價不予理會，外界的言語也就對你毫無影響**。

現今社會越來越多人產生倦怠，很多已經在領域中爬到高峰的人，也會在落入倦怠的感受。因為世間的事情很難全部按照我們的期望進行，因此人就會感到力不從心。這樣的力不從心，常常與能力無關，而是與我們內在的「期望值」有關。

面對生活低谷，要挑戰倦怠，就要有生活再造力。倦怠的克服需要在生活中意識到我們不需要對自己要求過高。這個社會的變相競爭，讓很多人處在無法活出自己想要的人生，讓我們一直對生活與工作妥協。

要改變倦怠低谷，就不要在意別人的冷嘲熱諷，也不要在意別人對你的看法。**別人對你的輕視，如果你不在意，也就不會左右你**。當你把別人對你的評價納入個人計分，就會影響你對個人目標的看法。因為很多惡意競爭的人，會處心積慮以尖酸苛薄的言語貶低你，試圖阻止你前進。

在低谷，不要在意所謂的「成就感」，因為任何事物在還沒達標的時候，是很難有成就感。但是，**只要我們把自己想要過的生活「賦予意義」，那就不會讓別人的冷嘲熱諷影響我們，也就不會感到低成就，這樣就能心無旁鶩地前進。**

「計分」是倦怠的毒藥

工作中或生活中，不要在意所謂的「好」與「不好」，因為每個人對於目標的好壞定義不同。任何項目，都會有人看好，有會有人不看好。

因為你認為的「不好」，在別人的眼中也許就是「好」；相同的，你認為的「好」，在別人眼中也許就是「不好」。

我認識許多成功的人士，在企業建立的初期，大多很少人看好，有時候甚至連親人也不贊同。但是那些知道自己人生目標的人，就算創業維艱，也仍然堅持不懈。我的一個大學同學與我不同系，主修化學的他，在大學畢業後進入一家藥廠工作。經過二十年的時間，他已經在該藥廠做到研發部門的主管，成就高於該部門博士生。因為該藥廠是業界龍頭，因此有許多同業紛紛想要以高薪挖角，但是他仍然堅守在崗位上，因為他在意的是公司給予的實驗團隊的資源，這讓他在研發的過程中感到自我實現。

很多人認為他沒有跳槽到其他更高薪的藥廠，但是他認為他的選擇就是最符合他個人特質的「好」。因為在該機構二十年的時間，公司給予他機會帶領當中的小部門，經過二十年的努力，小部門擴大為大部門，也贏得藥廠給予更多資金與人力投入他的部門藥品研發。在他心中所認為的「好」不需要符合外界世俗的定義，因為他自己知道個人追求的目標意義。

你的人生不需要計分，因為你只需要投入，就可得分。要克服低谷產生的倦怠感，就要在工作與生活中走一條屬於你個人熱愛的路，唯有自己投入熱愛，才能在過程中探索人生。至於世俗中對你計分與否，你就只需要「一笑置之」、「置之一笑」，這樣你就可成為自己人生的主人，避免落入倦怠的泥沼。

07 堅毅特質

寒冷中的堅毅，外在韌度與內在活水

克服倦怠法＋困難突破法

負面思維的產生是什麼原因？原因就是在平日沒有操練正向思維！

人在面對人生中的寒冷，很難適應。其實這並不是當中的事情難以解決，而是人們沒有辦法看到冰層以下的生機。人要生存，就要讓自己的外在如同冰面上的「堅毅」，也能夠讓人自己的內在猶如水面下的「流暢」。

目標前進並不需要時刻處於過勞，只需要在努力的過程中有堅持，並且需要有思維活水，才能看到人生冰層下的生機，這樣達標只是早晚的事。

——彭孟嫻

加拿大東岸雪季湖面結冰，當冷度夠的時候，冰面是具有負載力，可以承受人類在冰上步行、溜冰。但是，冰面中的「硬度」是目所能及，其實眼睛所無法透視的冰面下有液狀湖水。

我多次在冬季結冰的湖面行走，一開始的戰戰兢兢，完全是因為害怕冰層破裂。之後慢慢注意結冰狀況，並且請教年長西人居民，知道不是看到湖面結冰就可以行走，必須要在溫度「持續」維持零下低溫（溫度越低冰面越安全），才是在結冰湖面行走的安全狀態。也就是湖水結冰的狀況，越冷越堅硬。

加拿大過往出現不少在冬季湖水結冰後，有人在冰面上行走嬉戲，最後造成冰層破裂，掉入冰層的溺斃死亡事件。主要的原因就是因為氣溫雖然仍處於零下，但是這並不代表氣候冷度足夠支撐湖面結冰的厚度。有時候，溫度回升，產生冰層下方的融冰現象，那是肉眼看不見的部分。當人行走在湖面，但是冰層底下開始融冰的狀態，就會增加冰層爆裂的現象。

其實生活遇到瓶頸，就如同湖水結冰，**當一個人遇到的逆境持續寒冷，如果把「結冰效應」運用得當，就可以了解生活中就算外層結冰，但是底下都仍然有沒有結冰的湖水。**

人要生存，就要讓自己的外在如同冰面上的「堅毅」，也能夠讓人自己的內在猶如水面下的「流暢」。

這也就是意味著雖然生活遇到外在寒冷而結冰，讓許多機會都凍結。但是，只要你的內心仍有熱忱，就會讓內心的底層，持續可以有機會在困難中突破，這就如同加拿大東岸著名的「冰釣」場，冬季冰層下方仍然有魚類生存。

三十年前，我從台灣到加拿大的第一年與認識的朋友組團參加西人營業的冰釣，地點是距離多倫多市一個半小時車程的小鄉鎮。那一次，我體驗到冰釣可以坐在冰層上搭建的小木屋。這樣的小木屋，就是由三張長凳，以ㄇ字型排列。冰釣的小木屋，算是舒服，但是坐在小木屋當中冰釣非常寒很冷，因為不可以有暖氣設備。

在冰釣的過程中，我與同行者盯著小屋中間所挖的洞口靜默不語地冰釣，因為經營者解釋，說話的聲音會影響釣魚。但是，整個上午都坐在小屋中冰釣，溫度實在是太冷了。因此冰釣過程，我與同行朋友們多次走至湖岸上的咖啡廳喝熱飲與吃甜點，之再度繼續返回冰釣。

其實，人生的逆境寒冷就如同冰釣的過程。逆境的寒冷，你需要靜坐忍耐，持續的耐心堅持在所做的事情。因為在困難中看到的所有事情，都會像冰層表面般毫無生機。但是，其實逆境之下的冰層，仍然有許多魚類生存的生機。

當人在逆境中堅持，也需要暫停休息，就像冰釣的寒冷過程，也需要到湖岸上的咖啡廳喝熱飲，因為休息才能有精神持續。沒有喘息的努力，最終就會心力耗竭。

在冰釣過程中，需要申請釣魚證照，手續簡單，付費便宜。我記得冰釣經營者擔心當時身為青少年的我們會感到無聊，還以冰上摩托車輪流載我們在湖上繞，當時也不知道是什麼膽子，就投入的享受寒冬的冰上摩托車。對於當地西人來說，很多人在溫度回升也仍然知道分辨冰層厚度。但是，我還是建議不要貿然從事如此危險的冰面活動，注意安全，還是比較重要。

「外在韌度」與「內在活水」

生活不可以只有堅硬，也需要有活水。

當生活中遇到瓶頸，確實需要以毅力（Perseverance）來堅持（Persistence）。除此之外，生活也需要有冰面之下的活水特質，也就是生命韌性（Tenacity）。

人必須在遇到困難的時候，能夠維持冰層底層的「正向思維」，因為生活不是只有眼中所看到的難處，當中一定還有許多隱藏的生機，這些生機需要你耐心與細心地探索發現，就如同眼睛看不到冰層底下仍然有許多魚類在冬季生存，但是當鑿開冰層，就能看見。

要在逆境中鑿開冰層，其實就是「熬」。熬久了，事情就可以看到結果。就像冰釣，其實也沒有訣竅，就是必須靜靜地坐在小木屋中，耐心地等待。

人在面對人生中的寒冷，很多時候很難釋懷。其實這並不是當中的事情難以解決，而是人們無法看到冰層以下的生機，因此就會產生「負面思維」。

負面思維的產生就是平日沒有操練「正向思維」！

正向思維可以藉由自我操練，訣竅就是發掘「表層所看不到的特質」。換言之，在生活中要能夠在困難來臨時，看到當中所隱藏的契機，就要在對事情的看法有比較深度的探索，看到別人沒有注意到的部分。

唯有訓練自己知道生活的困境是「常態」，就如同加拿大東岸的冬季湖面結冰是常態。當一個人能夠把困難當成常態，也就比較不會糾結在困難本身。如果一個人把工作與生活中的事情都想像成一帆風順，那樣當困難來臨時，就會失去方向。

人天生具有生存能力，但是，這樣的生存能力容易被倦怠所抹滅。現代人遇到困難頻繁，因為需要處理的人事物也比過往時代更為複雜，因此困難產生的機率升高。

但是，困難並不代表內在沒有活水，人只要在生活中有韌性地堅持，就可以慢慢的看到逆境中的生機。**人生中的寒冬具有意義，如果生活只有順境，而沒有逆境，那麼人又怎麼能夠知道順境的可貴？**其實，寒冬的逆境能夠帶給人生有更多啟發，人對於處理困境的能力，很多時候都是在逆境中把過往沒有看到的潛能開發。

冰冷的挫折不會抑制人的希望與目標，除非你自己允許。

事與願違是生活中的磨練。當我們在生活的寒冷持續堅持，仍然能夠在寒冷中擁有屬於自己的小確幸。就像我在冰釣當下感到冷顫，也可以到冰面旁的咖啡店喝熱飲，讓自己在溫暖的過程中，欣賞冬季湖面的景緻。

當你在生活中遇到極冷的逆境，你可以先暫時休息，讓自己冰冷的心能夠得到暖意，當你的內在溫度回升，你的動力就會恢復。

要記得，目標前進並不需要處於時刻過勞，只要在努力的過程中有堅持，並且在當中的底層有思維活水，那麼達標只是早晚的事。

08 生活脫軌

面兩突如其來的阻礙帶來的倦怠

克服倦怠法＋困難突破法

倦怠感的出現，需要讓生活按下「暫停鍵」，但是如果暫停的時間過長，就會讓人意志萎靡。因此面對倦怠需要有「休息期限」來控管倦怠恢復的時間。因為長時間的休息，無法解決原本的問題，就會讓倦怠的狀況加劇。

「失去」也區分為，因失去造成的「內在困局」與「外在困局」。關於失去，其實不需要立即讓自己恢復正常運作，因為人是需要時間來修復自己的內心。

對於這些失去，絕不是試圖找到生活樂趣就能夠解決。一定要在生活中把這些失去的人事物，找到當中的「連結」的意義。讓生活藉由你賦予失去事件意義，逐步地找到痛苦所帶給人的困局突破意義。

——彭孟嫻

倦怠感的出現有時候與「失去」有關。

失去也區分為失去造成的「內在困局」與「外在困局」。失去的內在困局與內心情感觸發有關，失去的外在困局與外在突發事件有關。

生活的失去包含親人離世、寵物逝世、愛人離開等。工作上的失去，包括工作機會喪失、人際磨擦，職場被霸凌等，這些突如其來的失去，都會讓人感覺生活失序，也會讓人感到生活無法繼續充滿衝勁。

生活的突發狀況容易讓人產生精神痿靡的狀態。那種痿靡的情緒類似什麼都不想做，什麼也提不起精神。這樣的「倦怠感」並不是當事人放任自己沈溺在情緒的低潮，而是這樣的低潮需要時間來復原心中的傷痛。

通常倦怠的產生與「人生軌跡脫軌」有關。人因為「失去」而產生人生軌跡脫軌的感受，也就容易讓情緒落寞，這樣的痛苦會讓生工作與生活的績效降低。

「內在困局」與內心情感觸發有關。

關於失去，人的內在會出現困局，也就是人的情緒很難在短時間完全接受事實。雖然每個人都知道失去工作就另找工作，失去愛人就再覓愛人，但是這樣的說法說起來容易，做起來卻有一定的難度。尤其生活失去工作、失去摯親、失去寵物，那種錐心之痛，根本不是「另一個」可以替代。

當生活或工作的失去，人會產生一種人生脫序的失落。因為突如其來的事件打亂了原來的計畫，讓生活感覺失控，因而產生一種生活受困的感受，人也會隨之感覺倦怠。這樣的倦怠就好像是精氣神被抽空，感覺內在極度疲乏與力不從心。

「外在困局」與外在突發事件有關。

關於失去，人的外在會出現抵觸，也就是人的感受很難在短時間處理外在意外。這樣的情形就如同冬季雪季，常有車輛受困於積雪之中。暴風雪的肆虐，常常伴隨車禍與交通阻塞。面對惡劣的天氣，車子在路途因積雪而拋錨，當下產生的「無力感」就是突如其來的「外在困局」。

這種外在困局的情緒，常發生在工作不順遂，或者戀人或配偶忽然提出分手，那種外在突發的狀況，常常讓人有迅雷不及掩耳的驚嚇。

其實，有關內在困局與外在困局都「不需要」立即讓自己恢復正常運作，因為人需要時間來修復自己的內心。可是如果經過一段時間仍然無法恢復正常，就需要特別注意。

找到失去的連結，就能找到克服倦怠的動力

克服失去的方法就是找回事件當中的「連結」。

因為生活中所有的人事物其實都與個人有連結。人的破繭而出，常常是因為失去後的傷痛帶來覺醒。

倦怠，容易影響人的生活，因為倦怠是由內而外產生的「痛苦現象」，會讓人感到事件後持續痛苦。更精準的說，一件事件的痛苦，讓人產生內在傷痛，之後就會間接產生後續多項的痛苦。

對於這些失去，絕不是試圖找到生活樂趣就能夠解決。一定要在生活中把這些失去的人事物，找到當中的「連結」的意義。

有關失去愛人：失戀或失婚，當中你需要找到事情緣由的意義。**因為任何的分離，之前都有美好的時光。當關係斷裂，當中仍然有連結。**愛情或婚姻失去，並不是立即找另一個新的戀人就可以解決，因為當中的傷痛如果沒有痊癒，就會在未來的新關係當中出現類

似的瓶頸。

當過往的失去沒有找到當中的意義，你就會發現新關係發展中的一些問題會與過去未曾修復的問題有關。因為立即投入一段新的關係看似可以讓人避免因「失去」所帶來的痛苦，但是如果沒有找出失去的人生意義，來作為自我修復，就容易落入類似的循環。

有關失去親人：失去親人的痛苦，容易造成倦怠。人與親人的緊密關係，當中不只有愛，也有傷害。要如何從失去親人的連結中找到和解，是對於失去親人需要做到的人生功課。

要找到親人與你心中深處的連結，可以回想從小到大，親人所帶給你的「連結」，例如社會投入、關懷人群、努力工作、用心經營等，那麼你就把這些愛你的親人所帶給你的正面影響，延續在你未來的生活當中。

反之，如果你與你的親人緣淺，在親人離世之前，你與親人的感情生疏，那麼對你疏於照顧你的親人，仍然會在你的心中具有特殊意義，這樣的意義或許在過往是以「痛」的方式呈現，但是當曾經帶給你傷害的親人過世之後，就是你修復自己並且與自己和解的時段，你可以藉由找出從小到大感受到最大的傷痛「連結」，讓此連結不要再帶給你的下一代。

有關失去寵物：對於愛寵物的人來說，寵物就等於親人。當寵物失去，無論是走失或是去世，對於寵無主人來說都是錐心之痛。這個時候，很多人很陷入類似失去摯親的痛苦，甚至會產生對生活的倦怠。

因此人必須回首過往養寵物的「原因」與寵物主內在「連結」。是因為你喜愛動物，還是因為寵物填補你在感情或婚姻的缺口，或是寵物讓幸福的你可以把愛延伸？

因為每一個人對於「失去」有不同的感受，如果你意識到寵物的失去讓你想把愛延伸，那麼你就可以到動物之家當義工或者捐款，你也可以收養流浪動物。如果失去寵物的痛苦讓你意識到愛的缺口，那麼你或許需要先修補愛情或婚姻當中的問題，之後才能再飼養新的寵物。

有關失去工作：所有的工作都是為了豐富我們人生的閱歷。但是，我們之所以會為了失去工作機會而感到痛苦，就是因為我們對於該工作有特定的「在乎點」。這樣的在乎點在平日很少會仔細思想，因為工作的過程中已經有太多需要處理的人事物，也就很難特別分析我們對於該工作的在乎點與個人生命意義的「連結」。

當失去工作，你其實可以在工作與個人的連結之中，看出工作意義的端倪。因為有些工作只是因為經濟所需，有些工作卻是自我實現。因此當工作失去的當下，正是檢視個人職涯的機會。

有關失去財產：人生在這個世界上，凡事都需要用錢。當金錢的賺取與管理遇到風暴，無論是投資失敗，還是創業虧損，都是對人生極大的打擊。這個時候人通常會有一段痛苦的倦怠期，那樣的倦怠包含不斷檢視過往投資失敗，更會糾結在如果「當時」做出不同的決定，就可能讓事情有不同的結果。

但是，這個世界如果能夠都讓「早知道」這三個字包含所有的失去，那麼這個世界上就沒有窮人，也就沒有任何的失去。**其實我們面對已經發生的事實，檢討過往是有必要的過程，但是檢討要適可而止，因為檢討過去，並無法改變事實。**

當你失去財產的時候，最重要的就是要立即作出資源分配，看看是否有任何其他財產或可變現解決燃眉之急，或是轉向正當金融機構商討借款或還款配套措施。千萬不要在財產喪失的時候，再陷入不法高利貸的惡性循環。

當生活的風暴出現，無論是哪一種失去的風暴，都是意味著生活脫軌，需要重建。**因此在事發當下，你需要詢問自己，你內心「真正在乎」的是什麼，這樣你才能理智的找出解決問題的方法。**

生活突如其來的失去無所不在，對於這樣的生活脫軌雖然痛楚，**但是只要我們找到該事件「痛」的「連結意義」就可以讓我們克服失去所帶來的痛苦。**

09 清除障礙

關係倦怠，什麼需要爭戰，什麼是無需理會

克服倦怠法＋困難突破法

外在的障礙，會造成心理倦怠障礙。生活倦怠發生，需要時刻提醒自己：「人的一生總會過去，不要糾結在沒有意義的事情，要知道什麼事情需要爭戰，什麼事情無須理會。」

生活中必須要給自己平靜。要想讓個人生活的倦怠解除，保持平靜有時候比爭戰更重要。

生活中的外在障礙必須「隨時」清除。也就是不可以等到壓抑很久之後才爆發，最好在外在負面情緒影響你的時候，你就應該把自己接收的外在情緒垃圾丟除。

——彭孟嫻

生活中的障礙無處不在。外在的障礙，會造成心理障礙。

「外在障礙」在工作方面因產業而異，在生活方面則因家庭成員而異。工作與生活的突發事件，會造成生活計畫脫序，也會造成生活感覺心煩意亂。

在工作中，如果同事找麻煩，把負面情緒轉移到你身上，那麼你的心就會被外在煩躁所影響。有些同事藉由工作交接的刁難、截止日期的不妥協、向上司報摻你一腳。這時候你就算再熱愛工作，也會因為這些人為障礙，感覺工作索然無趣。

在家庭中也是一樣，就算你是一個孝順父母、尊重配偶、疼愛孩子的好父親或好母親，你也會遇到家庭成員對你情緒抱怨，讓你感覺自己的時間與金錢投入，似乎沒有得到應有的感謝。其實這樣的情緒障礙，最重要的就是你對於家庭成員付出的時候，就要告訴自己：「付出可以有去無回，只要對得起自己的角色就好。」

其實，生活中的外在障礙必須「隨時」清除。也就是不可以等到壓抑很久之後才爆發，最好在外在負面情緒影響你的時候，你就應該把自己接收的外在情緒垃圾丟除。

每一天所面對的人，無論是外人還是家人，都會有讓你產生干擾的部分。這種時候，總不能棄放棄一切，遠離當下，因為有責任的人會意識到這些生活中與你有交集的人，很多都是人生責任的「一部分」。

既然是「一部分」，就是意味著不是全部。

因此你必須要把外在干擾適時的排除，讓自己有自己的時間安靜。不要糾結在關係人的情緒抱怨。因為很多人會誤認為你的付出是「應該的」。但是事實上，這個世界上沒有任何人的付出屬於應該。換言之，**你對家人的付出，是出於「愛」，而不是出於應該**。如果你遇到的家人是屬於自私且予取予求，你其實可以說「不」！

每一個人的忍耐都是有限度的，你的付出必須是你感覺舒服的範圍，而不是造成你心裡的負擔。就算對方是你的親人，那也只是你人生的「一部分」，並不是全部，因為你的人生還有「你自己」。這樣的思維並不是自私，因為唯有照顧好你自己，你才有能力顧好家人，也才有精力面對工作場合故意刁難的同事或上司。

人的耗竭產生，就是因為忘記自己。當「自己」的個人角色，無法盡情的做你想要做的事情，無論是愛人或配偶極力阻止你的進步，或是家人的予取予求，都會讓你在關係中產生倦怠。如果你因為責任加身，無法隨心所欲地離開，那就會更加劇內在的糾結。

如果你在愛情或婚姻中遇到的愛人或配偶，又認為他個人才是關係領導，那就會讓對雙方關係感覺無比倦怠。你會因為對方的自私，把你帶入痛苦的深淵，因為你想改變，但是又無法讓對方妥協。因此你的心理拉鋸，就會讓你感到心力耗竭。

關係倦怠的克服方式

要克服這樣的情況，就要堅定自己的內心，要知道什麼事情無需理會。當關係倦怠產生，人會開始對自己質疑，因為你不知道你目標的堅持，是否會因為愛人或配偶而造成混亂。這樣的內在糾結，會消耗你的鬥志，也會讓人出現自己是否應該放棄理想堅持的念頭。

對於這樣的鴻溝，人會感覺倦怠，甚至會有「放棄」的想法。但是，如果全盤仔細分析，就會發現其實事情沒有全盤的不好。因此，對於一件事情的看法，要看到當中的「好」，不要只注意到當中的「不好」，這樣就可以避免讓你內在的情緒落入倦怠。

生活中的負面情緒，要隨時做到「丟」的清理。但是，清除關係障礙，無法藉由「丟」棄對方來行動，因為放棄一段關係，必須是多方面的不適合，否則只因為單一項目無法順心就放棄一斷關係，最後只會在未來回首時，感到做錯決定。

清除關係障礙，其實需要選擇戰役。也就是「原則問題堅如磐石，品味問題隨波逐流」。換言之，**你在人生中想堅持的部分，你根本就不需要關係配偶的同意，因為你就是獨立的個體**，但是，如果生活中的小事，就不要過度堅持。

在愛情或婚姻中，你並不是賣給對方為奴，你仍有你自己的自主權。你依然可以從事你自己想要的工作，也依然可以成就你想要的熱愛。

人對於關係的崩潰，常常是覺得對方為什麼無法理解我們對於自己熱愛「項目」的堅持，因此就會誤以為關係崩離。但是，關係必須反思，因為站在對方的立場，我們在乎的項目，對方並沒有感同身受。但是，這並不代表堅持有錯，也不代表對方的不支持不對。而是代表，人必須要在「外在干擾」之中，**學習尊重生命價值的差異**。

關係倦怠需要篩選與添新

「關係倦怠」需要在關係中的相處模式「篩選」與「添新」。也就是在關係中每日或每幾日就要把相處模式的「思維」與「觀念」刪除不適宜的部分，並且增添適合兩個人的相處模式。

相處方式的篩選，並不是溝通與妥協就能形成合適的相處模式，而是要「換位思考」。因為我們認為重要的事情，對方其實很難感覺重要，唯有兩個人都換位思考，才能讓事情有所篩選與添新。

爭吵是很難達到妥協。就算是因為爭吵所達到的妥協，也已經讓妥協「傷痕累累」。如果對方堅持以辯論的方式強制另一方做到一樣的人生方向，這個時候你也有權利選擇說不，來表明自己的立場。

生活中的倦怠產生，需要「自我」不斷地修復，因為**在關係中只有你自己有「個人修復權」**。人是沒有能力來修復對方，除非對方願意敞開心懷。因此在關係中遇到障礙，需要在生活中默默探索，**讓生活可以發覺對方好的部分，也就等於讓關係「添新」**。

生活的理念堅持，並不是以爭戰的方式就能夠看到成效，有時候把理念靜靜的放在一旁默默的進行，無須理會關係配偶對於你的理念的不認同，因為生活的價值並不需要任何人的同意，只需要你個人認同就可。

生活的障礙要清除，必須給自己平靜的空間。因為平靜有時候比爭戰更重要。在生命的長河中，人生都會成為過去。我們面對人生障礙，與其糾結當下，倒不如好好的堅持理想。人只有活一次，又何必讓自己不斷地陷入外在爭執與內在糾結。

「爭」或許可以得到短暫的快樂，但是「爭」絕對不會得到長期的內心平靜。在人生中要盡量避免會讓你落入情緒倦怠的狀況，因為你的時間與動力很寶貴。不需要得到別人的認同，只要你的「內心堅定」，「思維穩固」，「想法淡定」，這樣你就能夠在生活中以平靜來剷除所有的倦怠障礙。

10 機會再造

當期望與實際有落差，請送給自己一個改變的機會

克服倦怠法＋困難突破法

當期望與實際有落差，人會產生高度疲憊。那樣的疲憊包含「無力感」與「失權感」。倦怠不只是身體上的累，也包含意識上的累。

人生需要「改寫」倦怠，任何一個「落差」都是「機會再造」的時機。社會上看似快、狠、準的高效率，其實都是令現代人心中焦慮與不安的因素。

自我實現的每一步都會伴隨著疼痛。但是，當中每一步的前進，都有產生「機會再造」的契機。人生遇到撞牆期，你仍然可以翻牆，也可以暫時喊停，但是你絕對不能夠放棄自己。當目標受挫，我們需要的只是「解決問題」，而不是改變問題。因為只要讓本來的問題解決，那麼問題就不再是個問題，這樣也就等於讓倦怠消除，也讓困難突破。

——彭孟嫻

如果你人生擁有心想事成的魔法，你想要在人生有什麼改變的機會？

當我感到倦怠的時候，我想到的不是放棄，而是想到我該如何用什麼方法，把倦怠的事實「改寫」。

關於克服倦怠，休息是必要，但是休息只可以是倦怠困局的「暫停鍵」，休息並不是克服倦怠的解方。如果倦怠是因為職場或生活「缺乏掌控權」，那休息是無法成為解除倦怠的方式。

因為一個人在工作或生活中處於沒有決策權的狀況，就會感覺無法掌握人生，也就會讓「無力感」消耗鬥志。這樣的內在倦怠，有時候會感到凡事都不想做，有時候會感覺疲憊煩躁。在諸事不順的過程，人無法進入平靜。「煩」這個字，就會產生精氣神的耗竭。

其實，**「倦怠」就是生活的警鐘**。

當人處於倦怠，也就意味著你的工作與生活的細節需要「重組」。

工作與生活遇到阻礙，常常是因為外界因素，讓內在自我產生「分歧」。就算是積極的人，也會在人生的某個階段，感覺「停滯」。

面對困難所產生的倦怠感，如果是短時間，可以歸類為休息。但是，如果停滯是長時間，就是人生的警鐘。因為人處在長時間的倦怠，容易對工作與生活失去效率，也會讓生活失去樂趣。

其實，倦怠的產生可以讓人重新檢視生活與工作，因為在檢視倦怠的過程，就會理解到瓶頸也是另外一種「機會再造」。因為遇到瓶頸，人才會抽絲剝繭地整理思緒，因為平日的平順，人就會趨於安逸。

遇到困難感覺痛苦，你需要暫時休息，可以維持目標定位不變，你只需要找到改變達標的方法，就能夠讓自己在進退兩難的狀況，看清楚路徑。因為在暫時休息的過程中，你把當中的位置挪移，就可以看到事情的「不同角度」。

倦怠中的公平與不公平

當倦怠感產生，千萬不要糾結在「公平」與「不公平」。因為這個世界，本來就沒有公平的事情。**當目標受挫，我們只需要「解決問題」，而不是改變問題。因為只要讓本來的問題解決，那麼問題就不再是個問題。**

要釐清什麼可以激活你的人生，前提就是必須把別人的冷嘲熱諷「一笑置之」與「置之一笑」。**當你對人生感到倦怠，你需要的是暫時喊停，之後儲備突圍的能力**。就算目前你的人生畫布無法譜出你想要的畫作，你仍然可以用自己的步驟調整顏色，並且重新上色，送自己一個改變的機會，克服倦怠突破困難，改寫你的生活。

糾結在人事物的公平與不公平，會讓人產生想放棄的念頭。這樣的「想放棄」常常是因為個人錯估局勢，誤以為當下的情境過度困難。倦怠的產生就會讓原本動力滿滿的人，忽然失去前進的動力。

其實人在心中的「理想」與「慾望」兩者有交疊的部分。因此人在努力的過程中，人容易為了理想或慾望，吞下了很多委屈。

但是，當困難來臨時，所有過往承受的委屈，就會轉換為內在感覺人世間的「不公平」，人就會質疑個人所做出的堅持是否正確。這也就是許多在努力過程受挫的人，會在遇到困難後產生心力交瘁。

機會再造所需要面對的成果落差

其實人生任何的落差，當中的距離都可以藉由「機會再造」來改寫你遇到的瓶頸。生活出現的「撞牆期」，你仍然能夠翻牆，或者打道回府。**因為並不是所有的超越才是機會再造，回頭走原路也是另一種機會的選擇，當人打道回府的時候，在過程仍然可以看到另外的出路。**在這個世界上，人常常會感覺生活遇到死巷，感到困難就算意圖克服，卻仍然難以突破。這種困局，其實並非無法突圍，而是需要用新的方式進行解套。

這個世界上每個人的特質與資源不同，如果只用當下你可以想出的方法來解決問題，有時候仍顯力道不足。這個時候人就需要藉由別人的觀點，讓你有不同的思維，這樣才能夠在遇到糾結的時候，讓自己思索出突圍的方式。

困難之所以稱為困難，就是因為困難當中有一個「困」字。**人會感覺困難難解，產生倦怠，是因為你沒有找到開啟困難的鑰匙。**當你在解決困難的過程，如果你知道解決問題的正確方式，就可以讓困難不再是困難。你在困難的狀況中感到「無力感」與「失權感」，會讓你的身體感到疲憊，但是真正身體的累當中的源頭，是你對於當下人事物困難產生的「心累」。

人對於困難感到的「累」，主要的原因是因為努力與結果沒有得到正比。可是，人如果能夠控制自己的內心感受，就可以突破障礙，讓看似無路的路徑找到出口，出現柳暗花明又一村的景象。

生活中的機會再造，一定要整合自己的能力與資源，讓困難與實際的落差減低距離。如果只有傻傻地往前衝，就會持續碰撞。因為人的時間與精神有限，人必須在工作與生活中把自己擅長與不擅長做整合，之後再把自己心中真正想要過的生活釐清。

因為人在心中想要過的生活，有時候會被外界的人事物影響，那樣的影響可能是因為注意到別人的擁有，而誤以為那是你人生的追求。或是因為對自己的要求嚴謹，而造成負擔過重。所以在生活中就一定要定期審視自己的目標進展，要讓自己不要被外界影響。

克服倦怠的突破設限

倦怠感是可以突破。職業倦怠或生活倦怠的產生，常常是因為生活如同嚼蠟般的無趣。這個時候不是只有「新鮮感」的創造就能夠讓生活的倦怠改變。這也就是為什麼有些人頻換工作或搬遷至其他城市居住，在新鮮感過後，內心仍然感到虛空。

突破倦怠其實要「突破世俗價值」，並且賦予「目標意義」，因為目標意義之所以能夠協助你突破困局，那就是因為人的「自我實現」理念，會督促人「突圍前進」。但是有關訂定目標意義，一定要避免把成就當成是唯一的指標。

「高成就」其實是目標的幻象，看似快、狠、準的高效率，其實都是現代人心中焦慮不安的代價。也讓人們在工作產生不盡的渴望，甚至產生對成功的虛無飄渺幻象。這樣的幻象，會讓人把心中的慾望，誤以為是心中的理想和目標。當人的慾望越來越高，內心也就容易形成糾結。

其實人在職場上，不需要凡事處於巔峰，因為站在巔峰的人，除了具有異於常人的堅持與毅力，也需要上天的一把助力。如果人人都把職場的期望，放在對於巔峰的期待，很容易失去一步一腳印的行走動力，誤以為一飛沖天才是高效率的執行。

面對困難，必須從「心」開始。忠於你的心，忠於你的自我價值。自我實現的每一步跨越，都會伴隨著疼痛。但是當中的每一步的前進，都是人生進階的美意。

機會再造需要戰勝「缺乏感」

人常常會因為感覺「缺乏」而誤以為生活的幸福感減少。但是，缺乏的定義完全因人而異。部分人什麼都有，也感覺缺乏，有些人什麼都沒有，卻心中豐盛。這樣的心理差距，完全是因為人的欲求不同。

這個時候，我不禁想到，難道生活就需要「無所欲求」嗎？那倒不是，因為如果社會中的人完全沒有欲求，那麼社會就難以進步。

其實目標與欲求是有差別的。「目標」是內在熱愛的呈現，「欲求」是慾望與比較的刺激。

生活中面對「缺乏感」，並不代表不幸福。因為如果你努力的目標與「自我實現」緊密關聯，那麼就不需與外界比較，因為你的生活滿足感不是建築在外在的人事物。如果你目前無法達到夢想，千萬不要責備自己，因為任何的事情都需要時間來推動。

這個世界上，每一種工作都有「苦」與「樂」兩面。換句話說，每一件事都是「苦樂共存」。如果能夠把工作中的苦視為樂，那麼就不會感覺痛苦。許多沉浸在工作心流中的人，確實不會感覺工作的苦。就算在外人眼中，那些工作似乎苦不值得，但是當事人心中的感受，其實早就把外人認為的苦化為樂。

可見「苦」與「樂」，不是世俗的定義，而是一種「人生意義」的呈現。這就好比一般人看到藝術家的創作過程，覺得那肯定枯燥無趣，但是在藝術家的心中，創作卻是身心靈提升最高的感動過程，也是最大的快樂。因此面對困難，只要你不覺得困難，那麼困難就不是困難，不要讓內心隨著外界的聲音起舞，因為外界的聲音，不是你內在真實的需求。「心」需要你自己用心感受，對於工作或生活，需要把熱愛與意義考慮進去。

要知道人生的成敗，不需外界的認同，只要你自己在你的人生中能夠把熱愛堅持，就是屬於你自己想要的人生成功。我們對於人生的使命感，不需要複製別人的人生，而是要打從你的心裡知道自己想要什麼。

不要讓人生本末倒置時，要讓自己具備突破困境的毅力。如果真的感到疲憊，那就暫時喊「停」，不要逼迫自己跟隨別人的速度前進。

當你往目標奔跑，雖然無法快速到達終點，但是在過程中你仍然能夠享受迎風而來的快意，無論是熱浪還是涼風，只要你內心接受，你就能感受到在困難中行走的征服感。

Chapter

2

倦怠逆轉勝的應急力

11 習慣困難

每一個困難都會有可以學習的應急力

克服倦怠法＋困難突破法

對於「困難」只要不把它想成困難，就不會覺得太過困難。一個人眼中的困難，可能在另一個人眼中一點都不是困難。

困難之所以不是困難，就是因為在心中告訴自己「困難只是挑戰」。心態決定內在感受，當心態不一樣，面對同樣的事情，就會有不同的心境。

每一段困難當中都有可以學習的人生功課。當下，很難感覺到困難帶給我們的人生意義。但是，多年之後回眸，才會發現你現在的特質，原來與多年前遇到的困難有關聯。

——彭孟嫻

「困難」是不討人喜歡的。更準確地說，困難是否能夠解決，會直接影響人的生活。其實，大部分的困難都有解決的方式，只不過可能是你不想要的解決方法。對於「困難」的定義，每個人都不同。**在一個人眼中的困難，可能在另一個人眼中一點都不是困難。**

以我為例，生活中的困難無處不在。高中時，我與妹妹被安排到加拿大多倫多讀書，當時父母因為家中事業無法一同前往。我與妹妹帶著兩只皮箱，搭飛機，踏上留學之旅。我一直記得當時在飛機上，因為父母不在身邊，腦中想到要面對在加拿大的小留學生生活，內心感覺困難重重。

果不其然，到加拿大後的第一個週末，我和妹妹由在父親越洋安排的地產經紀協助看房，簽合約、購買傢俱、傢俱組裝到電器採買。這些看似在成人世界自然不過的事情，放在未成年青少女的生活，再加上身處陌生的國度，一連串的過程都讓我感到困難。

可是，日子總是要過的，當時的我不斷地告訴自己，所有的難處都是「挑戰」，而不是困難。是的，**困難之所以不是困難，就是因為在心中告訴自己「困難只是挑戰」**。

心態決定解決困難的內在感受，當心態不一樣，面對同樣的事情，就會有不同的心境。

直到現在，我回想起過往與妹妹兩人的小留學生活，所有的困難都無法仰賴父母，但是在外國，需要生存，就必須早熟。因此我與妹妹就學會生存的法則，需要知道避險，因此在每一件事情的處理當中，就讓未成年的我與妹妹迅速如同成年人般的果斷，也練就我在西方社會能夠取得生存。

這當中的困難，都是我眼中的人生挑戰機會。每一段困難的事件，當中都有可以學習到的人生功課。當我們把困難當成學習，就可以讓困難感到不再是困難，因為在解決難題的過程中，也練就尋找資源的衝勁，並且練就解決困難的耐力。

習慣困難可以避免倦怠

關於困難的倦怠感「現象」每個人都不同。倦怠的事件，也與「人生階段」發生的人事物有關。例如照顧家中長照病人、照顧年幼孩童、輔導青少年交友與學習、夫妻共同創業等，都是屬於容易在不同人生階段遇到的困難。

這些困難的不同類別，**很多都是在特定階段發生。但是如果在該階段問題沒有解決，就會讓該階段的困難累積到下一個階段。**

舉例而言，如果新婚夫妻面對金錢困難沒有解決，這樣進入有孩子的階段，就會讓之前金錢問題的衝突延續到育兒階段，就會讓本來的金錢問題加倍惡化。

在工作與生活中，有「苦」，也有「樂」。任何的困難之中，都仍然有當中部分可以讓我們學習人生功課的意義。通常人在困難當下，很難感覺到困難帶給我們的人生意義。但是，多年之後回眸，人就會發現你現在的特質，原來與多年前遇到的眾多困難有關聯。

每個人對於「苦」與「樂」的定義不同，因此要在生活與工作中感到快樂，就要**把困難視為「正常」**。因為當我們把困難事件當成正常事件，就不會感覺問題的棘手。生活中要學習打理困難。把生活中需要解決的事情視為常態。

但是，當你以個人力量努力，仍然無法解決當下的困難，你該怎麼辦？

其實最簡單的方式就是要能夠「直接說出」。因為唯有能夠說出你的困難，你才能夠找到資源解決困難。很多人對於生活上遇到的難處不願意說，因為怕別人笑，因此本來可以輕鬆解決的問題就變得非常難解決。其實，**說出困難並不等同於隱私不在，因為人有選擇隱私的權利，但是困難是需要解決，不要把「隱瞞困難」視為「保護隱私」，因為這是兩種不同的事情。**

克服困難需要克服害怕

很多人面對困難不敢說出來，往往是因為怕別人的背後議論。要知道，如果不在意別人的議論，其實對你而言不痛不癢，也就完全沒有傷害。但是，如果沒有積極尋求解決困難的方式，讓困難在生活與工作中卡關，進而感到對生活倦怠，甚至產生厭世感。

解決困難不可以當成持久戰，必需盡量速戰速決。雖然解決困難很難立即奏效，但是拖延本來的問題，顯然會讓問題更加惡化。

就如同家中出現了需要長照的老人，照顧者已經感到負擔過重，完全沒有自己休息時間，這時候照顧者應該要尋求其他家人或政府長照機構的協助。如果照顧者不懂得尋求外界協助，使得自己身心俱疲，最後只會讓問題惡化。因為長期照護是一場持久戰，解決照顧者的困難，一定要尋求外界協助。

在工作與生活中，面對困難，我們要以一己之力盡力，自覺做不到的部分，就是有尋求協助的必要，逃避並不會讓困難消失，唯有硬著頭皮向外求助，才能讓困難的情況緩解。

當困難程度降低，你的內心倦怠情緒也會隨之緩解。

人生到底是面子重要，還是解決問題的績效重要？相信每個人心裡都有數。絕大多數人都知道「解決問題」的重要性高於「顧及面子」。其實，問題解決了，也就沒有面子是否受損的問題。

面對困難要克服害怕。很多時候困難其實沒有想像中困難，但是人因為害怕，就把困難的程度放大。因此，「平常心」就是面對困難時的重要心理素質，不要把「情緒」與「困難」連結。一旦出現負面情緒佔據心中，就會讓人把簡單的事情想得複雜，而忘記需要先解決困難。這也就是有些人面對困難會先落入情緒低谷，經過很長一段時間的萎靡後，才意識到當時應該先解決困難。

因此在生活中要練習把「情緒」與「困難」分開。

面對困難，請先解決困難，不要把困難中的種種因素與個人結合一起。困難的存在與你無關，只與困難這件事有關。就算困難與你息息相關，也要練習先不要自責，趕緊把時間與精神放在解決困難上。唯有當困難解決了，就可以檢視你的內在與人生中需要學習的功課。

12 面對困局

以突圍精神拿回人生主控權

克服倦怠法＋困難突破法

一件事情要完成，要具有突圍的精神。突圍必須用對方法找到衝破的出口，而不是靠蠻力橫衝直撞。

人有時候是因為「太過勞累」與「放大困難」而失去突圍的衝力，而不是因為沒有能力突圍衝出。

突圍需要保握「選擇權」、「決策權」、「執行權」。在外力干擾的情況下，人雖然難以突破「外在困局」，但是人絕對有能力突破「內在困局」，因為人對於自己的內在可以有主控的權力。「內在主控權」的重點在於：任何外力對你的控制，只要你不接受，你也就不被控制。

在每一個突圍的事件中，只要注意觀察，就可以看到被圍住的困難，當中的「縫隙」。

——彭孟嫻

倦怠的突圍法則

在職場或工作遇到困難，需要有「突圍精神」。其實，突圍就是「解決問題」，找到「對的方法」，而不是橫衝直撞地試圖衝出困難。

想要突圍，首先必須避免過度在意事情的進展與結果。遭遇困難時，在結果還沒有達成前，任何的現狀看起來都像處於圍城之中。但是，當你逐步釐清問題，把負面情緒放在一邊，打起精神逐步地開始解決問題，逐漸會感覺到自己有突圍的能力。

在突圍的過程中，心中容易感覺焦慮，有時會感覺自己的行動力缺失。這個時候，可以先「暫時休息」，再試著做「一點點」。切記，突圍休息是暫時，需要限定時間，因為毫無期限的休息，反而會讓人落入更嚴重的倦怠。

人之所以會需要突圍，往往是因為已經遇到瓶頸。換言之，凡事順遂只需要再接再厲，而不需要立即突破瓶頸。遇到瓶頸，就像是一個人產生猶如頸喉被勒的窒息感，需要得到新鮮空氣的緩解，這時候就需要突圍。**當突圍後的「位置置換」，就不會再感覺工作與生活猶如層層障礙圍住，因為你已經解決了之前猶如圍城的問題。**

人身處困局，有時候會無法完全掌控，特別是外在困局的決策權通常在對方。但是，就算無法掌握外在困局，但人絕對有掌握內在困局的能力，因為每個人都有「內在主控權」，關鍵在於：任何人對你的控制，只要不接受，就不會被控制。

當人遇到困難，會感到外在壓迫，並不意味就此失去內在的「**突圍選擇權**」。你可以選擇立即解決困難，也可以暫時休息再解決困難，甚至可以完全不解決困難，因為你有選擇的權利。

但是，不同的選擇，就會有不同的結果，雖然最好的方式是遇到困難趕緊解決，但是每個人對困難的承受度不同。一個人認為的困難，對另一個人而言可能不是困難。而「你」才是人生中最重要的角色。只要你覺得困難，那就是困難。當外在困局已經嚴重影響到你的內在情緒，如果是工作上的困難，讓你每天都覺得身心俱疲，這時候，離職就是可以考慮的選項，因為你的內在情緒比起外在強權更重要。

除此之外，**人有「決策權」來進行突圍**。在逆境中無法突圍，有時候是因為低估自己的能力，尤其當一個人被外在巨大力量包圍時，難免產生小蝦米對比大鯨魚的差距。這種情況最常發生在任職於大企業的小職員身上，當某些職場事件嚴重影響了小職員的權益，不免會感到力不從心，一個人力量猶如小蝦米，常常無法對抗公司高層的大鯨魚。

但是，就算對方比較強大，讓人感到筋疲力盡時，我們也不可以妄自菲薄，畢竟人具有「選擇權」、「決策權」和「執行權」，都能夠讓我們走出逆境，脫離乾枯水潭，走向豐沛之地。

倦怠的「突圍方式」

相信許多人在小時候都玩過「突圍」遊戲，被一群人包圍，想盡辦法必須突圍而出。

記得小時候上體育課，被老師點名，成為突圍遊戲中被圍在裡面的人，個性外向的我，當下覺得沒有任何困難，快速地站在指定位置，看著同學一圈一圈地把我圍起來，沒想到，當老師一吹哨子，我想盡辦法要衝出圈圈，卻發現自己根本沒有力氣衝出。

我想要衝出的圓圈在推擠過程中，變成好多層圓圈，但是我眼中能看到到的只有第一圈同學的眾多手腳，甚至無法看清楚第一圈包圍我的同學們的臉龐，當下我毫無能力看到第二圈與第三圈的同學。

被包圍和推擠時間，不到一分鐘，但我卻覺得比一小時還要長。尤其聽到老師喊出口令，要同學們「圍得更緊」，當下，身陷圈圈的我忽然感覺難過，不能理解平時對我最好的老師，為什麼要下達要同學們圍得更緊的命令。

當時，我真的感覺空氣稀薄快要不能呼吸，再加上聞到推擠我的同學們身上的汗水味，讓我產生強烈的窒息感。但是，**霎那間，我看到同學們圍住的圈中，腳與腳之間，有許多空隙，因此我以迅雷不及掩耳的速度立即蹲下，往其中一處較大的空隙一衝，竟然突圍成功。**後來，也有許多同學被點名進入被包圍圈中，但是並沒有成功突圍。當時老師只有笑笑地說道：「這就是人生。」

當年，老師沒有解釋「這就是人生」的突圍遊戲。但是在成長的過程中，我遇到許多外在困局後，我意識到突圍遊戲的精髓是：「每個人遭遇的挫折不同，相同的是遇到挫折就要以突圍精神來改變現狀。**突圍的方法並不是只靠蠻力，必須要有對的方法，當問題解決，就不再是個問題。**」

人生的圍城無處不在。生活中的圍城，包括愛情受阻、婚姻磨合、原生家庭情感勒索、婆媳姻親相處糾紛、親子教養困難壓迫或是長照關懷壓力疲憊等，都會讓人感到生活猶如圍城，被層層困難包圍。

職場上亦然，各類的職場霸凌，薪資霸凌、職場權益霸凌、妨礙名譽霸凌、冷落霸凌、職場栽贓霸凌、文化霸凌、主管偏心霸凌等或不當解雇霸凌等，都可以參考我寫的《職場霸凌》一書，提供了二十種職場霸凌的解決方法，來維護工作者的權益。

職場與生活的圍城，看似難以突破，但是，不要忘記，你絕對有「突圍」的能力，**訣竅就是：在每一個需要突圍的事件中，只要注意觀察，就可以看到被圍住的困難當中的「縫隙」**。

倦怠的困局突破

倦怠產生的困局，可區分為「內在困局」與「外在困局」。

外在困局，例如：上司命令、同事干涉與職場霸凌。內在困局，例如：喪失話語權、失去決定權、放棄感加深。無論是何種形式的外在困局或內在困局，內心都會產生被困局侷限的壓迫感。

面對困局的人在腦中都知道要突圍，但是，行動上卻又感覺被心中的感受牽制，總是覺得難以做出突圍的動作，而突圍前所產生力不從心的「無力感」，來自於被壓迫所產生的心力交瘁，就像突圍遊戲中，被團團圍住的當下所產生的窒息感，頓時失去突圍的力氣，但是面對這種無力感時，需要從內在說服自己：「你可以做到成功突圍。」

在困局突圍後，還必須要有「方向選擇」，突圍往往是解決「當下」的問題，並不是意味著該問題就從此不會再發生。因此，每一次突圍後，都是需要思考如何讓避免同樣地困局發生在未來發生。

如果你能夠找到避免未來問題重複發生的方式，才是真正具備突圍厚的「意義」。可是，如果過去的困局，讓你意識到當中的人事物與你想要的人生意義相去甚遠，就意味著需要在突圍後選擇「不同的路徑方向」。

人生前行的路上，不免會遇到困難，有些路走得很順，但是走著走著就遇到被重重困難包圍的局面，但是在過程中，只要你知道行走的最終目的，就算中途遇到困難包圍，一定能使出突圍的本事。

每一次突圍都只是你前往心中願景的一個「小障礙」。換言之，在邁向願景的過程中，要把每一個困難看當作突圍遊戲，就不會被困難的情境拖垮，自然而然會發現所有的困難都有突圍的方法。

在人生行走的道路，要把路的寬度拓寬，唯有更寬敞的路徑，才不會被眾多小障礙影響你前進路線的暢通。如何把人生的道路拓寬？例如，在工作與生活中具有更多的技能，發掘更多生活與工作的樂趣。不過，技能不是越多越好，而是越精湛越好；生活樂趣不能只有發掘新鮮事，更需要在「原本的責任」中尋找樂趣。

只要在工作與生活中略為「改變方法」，同樣的人事物就會帶給你不同的觀點、獨特的看法，甚至是新穎的感受，這也是另一種豁達的突圍方式，讓你能夠在困難中感到怡然自得，減少內在衝突與壓迫感，不是一味逆來順受。不要讓阻礙感造成你的內在倦怠。

面對困局，突圍是必要的解決過程。**逃避無法讓人的逆境改變，就算逃避到新環境，仍然會有新的人事物讓人再次耗竭。**面對困局帶來的力不從心，**如果不想被當下的情況控制，就必須闖出另一條出路，唯有找到「新的出路」，人才能突圍。**

13

外界陷阱

巧妙避開目標路途中的陷阱

克服倦怠法＋困難突破法

生活中有許多外在陷阱。這些陷阱就好像包裹糖衣的毒藥，讓你感覺一切都在美好之中，其實危險就在其中。

人對「結果」的過度理想化，就會在過程中落入陷阱。過度期待完美結果，就會讓前往目標的過程中落入危險。

對於心中目標的渴望達成，要在努力的過程中，看清外在的陷阱，就要在個人的心中留餘地。讓自己的心中有空間思考，因為過度的美好有時會是包著毒藥的糖衣。

——彭孟嫻

生活中本來就有許多陷阱。這些陷阱就好像包裹糖衣的毒藥，讓你感覺一切都在美好之中，其實危險隱藏其中。

發現自己落入陷阱，會在心中鬱悶，如果這樣的負面感受沒有即時調適，就會讓不斷地自責，形成自我的枷鎖。這樣的負面感覺如果沒有改善，就會讓人對自己產生挫敗感，如果沒有及時讓自己恢復，就會陷入生活倦怠的痛苦。

關於生活與工作中的陷阱，部分可以一眼就辨認，但是多數陷阱是無法當下就視破，總是需要經過一段時間之後，才發現落入對方的圈套。

生活中的陷阱無處不在，有沒有被親朋好友推銷產品，購買之後發現自己被騙的經驗。或是遇到家中是否有不斷接到詐騙電話或詐騙郵件的打擾？

許多親戚朋友的金錢糾紛，更是會以「投資共賺」的名義，把許多美景像糖衣般包裹。尤其現在網絡時代，更增加很多網路上的詐騙。**人因為期望自己的生活有所改變，因此很容易相信外在虛假的投資報酬率。**

新聞事件的陷阱，各式各樣。

投資詐騙：漁塭養殖、郵輪投資、美妝美髮等，各個行業都有詐騙陷阱，這就讓多數正規經營的業者感到頭痛，因為詐騙者的行為間接影響正規經營者。許多招商現場，都可以看到形形色色的介紹方式，無論是誇大的投資項目，或是推銷物品，都是以預測顧客內在渴望為欺騙點。

旅遊詐騙：我收過簡訊，當中有我熟悉的女性朋友的簡訊，當中說她在南美旅遊被搶，身上沒錢回加拿大，因此需要我緊急匯錢給她。那一位女性朋友是我相當要好的友人，但是，我沒有立即匯錢給對方提供的帳號。我就拿起電話直接打給女性友人，因為我沒有聽到她的旅遊計畫，就算她是臨時想要旅遊，那麼就算在其它國度電話打不通，我也會打電話給她的家人。可是，我的電話一打過去，女性友人就在幾秒鐘之內接起電話，並且告訴我她正在家中吃飯。

學費詐騙：我記得過往學生時代，學校同學有人在網路上收到「假」校方的網路內容從電腦頁面蹦出，當中顯示需要繳交下學期的學費，否則就不可以在下學期就讀。因為加拿大多數的學校可以讓學生選擇一次繳交兩個學期的學費（一學年），或者只繳交一個學期（半學年）的學費。有的學生不喜歡預先繳交下學期費用，或者因為家中經濟比較拮据，因此就只有繳交一學期的費用，但是卻意外成了網路詐騙的目標。陷阱出現，許多學生緊急匯錢進入「假」校方詐騙網頁，之後經由學校證實，那是詐騙集團的假帳號，與學校無關。

工作詐騙：以職場而言，當有人願意給出高薪資、而且工作內容強調工作輕鬆，年輕人就必須要更小心確定當中的工作性質。這是很多不良人士利用招聘來進行詐騙，但是仍會有很多年輕男女相信，最後落入陷阱，原因就是因為看準年輕人對找工作的著急。

金融詐騙：這類銀行頁面與購買付款頁面，從網路「忽然」跳出的螢幕，因為這些金融網頁都做得與金融機構相似，無論是要你填寫資料，還是校方繳費，或是銀行要更新資料，都「不可以」冒然填寫。正規機構不會以「忽然」自動跳出頁面的方式與客戶接觸。除此之外，許多金融簡訊與電郵，都應該跟金融機構確認才填寫。如果是詐騙手法以電話行騙，更需要小心，因為詐騙者常常有精湛的對話技巧，這種情形，在被騙之後，很多人都感到痛心。

網購詐騙：這兩年來新冠病毒肆虐，造成網購盛行，這樣的購物方便，其實是消費者的福音。可是就有害群之馬，藉由民眾在疫情期間工作減少造成收入減低，因此詐騙者以網路行銷讓民眾可以索取免費的小包裝保養品與化妝品，但是要求消費者必須填寫信用卡資料先預扣少數金額，之後才退費。最後，卻被詐騙集團經由複雜程序盜刷帳戶。

尋親詐騙：這種情況落入陷阱的人，不單損失金錢，更是損失對於「尋親結果」渴望的失落感。這樣的失落感就會在金錢被詐，且無法得到夢寐以求的親人團圓，產生更深的負面情緒糾結。當幼年走失的孩子在成年後的尋親夢破碎，或是年幼被領養的孩子想確認血緣，卻被自稱有能力協助尋親的網路詐騙者騙錢的時候，除了心中懊悔，更會引發對人生「失去」的更深層痛苦。

愛情詐騙：也是有許多人為了愛情，期望在網路上覓得真愛，但是這樣的結果，有人幸運遇到真愛，但是也有人被所謂的真愛，在網路上被詐騙錢財，之後連對方都沒有見到。這種情形社會新聞經常報導，但是卻仍然持續出現網路「愛情詐騙」案。在這世代，許多人的內心空虛，因此渴望愛的心境，就錯誤的投射在網路的虛擬愛情。雖然網路也促成許多人在愛情中覓得配偶，但是也仍然有很多人在網路愛情中被騙，這樣的原因常常是因為內在空虛感造成誤入陷阱。

婚姻詐騙：這樣的愛情陷阱，還有更深的延伸，就是「騙婚詐騙」的陷阱，有些男性或女性在期待婚姻的過程，拿出大量的金錢資助對方，最後被騙到外國，才發現那根本就是網路愛情詐騙，對方只是想要有短暫的伴遊。也有人被騙到外國，被拐騙到風月場所。這些社會的黑暗面，每日都在上演，只是很多案例並沒有被揭發。這樣的情況就會讓社會陷阱不只成為犯罪溫床的製造，也讓當事人與當事人的家屬都陷入生活的傷痛。因此很多人在原本就不好的生活中，更是感到蒙上陰霾，倦怠、沮喪、躁鬱等情緒負擔加重，這也是許多社會事件當中的黑幕。

如何避面目標上的陷阱

但是，這些被騙的學生與民眾，很多都是知識份子，也很多都有社會歷練，怎麼如此容易被騙？

其實原因就是因為乍聽詐騙集團所說的事件，對「關於自己」或「關於家人」的事件擔心，因此就沒有查證，「立即」掉進詐騙集團所設好的圈套。上述的詐騙行徑，如果你用心觀察，都有利用「人性」來進行詐騙。

上述被騙的商業合作、學校學費、金融詐騙、網購詐騙、尋親詐騙、愛情詐騙、婚姻詐騙等，都是因為**被騙的當事人對於「個人目標」在意，因為如果不在意就不會被騙**。

換言之，會落入商業合作被騙合作金額，就是因為很想在事業上有新的局面。會在學費上被騙，就是因為在意個人的前途會被影響。在金融事項被詐騙，就是因為對於金錢很在意。會在網購為了贈品而被騙，就是因為目的想省錢。為了尋親而被騙，就是因為在乎家人。為了愛情與婚姻被詐騙，就是想要有美好愛情與歸宿的目標。這些不同事件，其實當中都有個人為了「讓生活更好的目標」。

人的「過度在意」就會演變成「過度害怕」，也就會省略「查證步驟」，因此就會落入詐騙陷阱。很多人被騙之後，就會落入自責的生活倦怠，因為被騙就會產生對自己卻缺思考的難過。

倦怠的外在陷井起源於對結果過度渴望

「結果論」是外在陷阱頻頻出現的原因之一。因為人對於結果的想要，就會在過程中

讓失去的痛苦加倍。

人對「結果」的過度理想化，就會在過程中落入陷阱。會陷入陷阱的人，通常對結果「期待值」過高。

因為詐騙者會在說服你的時候，「預測你想要的結果」，並且針對你想要的結果進行推銷。這些外在陷阱的出現，會讓渴望改變生活的你，燃起改變的希望，但是，理想很美好，現實很殘酷。**當你期待的項目，認為可以改變你的人生。可是，詐騙者也希望藉由你來改變他們的人生，讓他們目標達標。**

這個社會的商業模式都是具有多個面向。人渴望在「人生翻盤」逆轉勝，就容易落入陷阱。許多選錯投資的人，最後不止沒有人生進階，甚至造成人生墜落。**對於詐騙者來說，被騙者就是他們創造「機會」的族群。**

當人對於突破人生現狀有太大「渴望」的時候，人就會忘記以理智來過濾外在的聲音，因此就會讓外界的詐騙話語，完全沒有過濾直接進入心理。因此人就會在當下瞬間反應。這就是人對於內在渴求或內在害怕超越自己的平常心，就會讓自己容易接受詐騙集團的行徑。

設置陷阱的詐騙者，深黯人對於「理想生活」的渴望，詐騙者也對於「結果論」有相當的了解。這樣的行徑，不止讓被騙者對於人生目標毀滅，也讓被騙者的經濟更加窘困，那就讓生活的困難更嚴重，這也間接影響各行業真正有信譽的商家或企業。

面對社會上的險惡，人需要在思想中設置「無形的過濾網」。在管理個人的人生目標中，不要對人事物抱以太大的「結果」，必須對每一件「太過美好」的事情進行評估，這樣才能巧妙避開陷阱。雖然工作與生活中，有時候真的有許多超出的美好事件發生，但是那些事件都必須經驗驗證，才能相信。如果沒有經由驗證就輕易相信任何過度美好的人事物，就會讓人陷入陷阱黑洞。

14 適應波動

抽離倦怠面對前路蜿蜒

克服倦怠法+困難突破法

人只要有「意識」就能夠前進，因為意識有了，就可以激發行動。在生活與工作中的不順遂，就要有一種無論環境如何艱辛，也要「適應環境的決心」。

人生中最吸引人的其實就是「未知」，這也就是為什麼人會鍾情旅遊。這也就是許多探險家願意出生入死探索從未發覺的境界。

在探索的過程中，道路崎嶇蜿蜒。要克服彎道，那我們就用順應崎嶇道路的路向行走，而不是用我們固有的走法來行進。不要認為順應崎嶇路線，好像生活失去主控。其實主控權的擁有是適應，主控權的擁有不是固執。

適應人生中的崎嶇並不意味著失去自我。真正失去自我是人生遇到崎嶇路徑而「停止前進」。

——彭孟嫻

抽離倦怠感是有方法的。倦怠感容易造成生活的阻礙，如同行走在路途蜿蜒的道路，容易感覺昏眩，如果再加上蜿蜒路段又出現大石阻礙，更會讓人感到路途難以前進。

其實，**痛苦是一種過程。面對生活與工作的路途崎嶇痛苦，除了需要有毅力走下去，還必須要「具備工具」行走**。就像是登山，如果以平日穿的布鞋登山，一定不比穿著專用登山鞋登山有效率。就算你的體力與步伐不變，但是，行裝工具的不同，會造成行動效率的差異。

這意味著當生活與工作中遇到困難的時候，要適應波動，就要有好的方法來解決問題。**同樣的問題，有不同的解決方法，就會帶來不同的效益**。

職場與生活的不順遂，需要在內心練就一種無論環境如何艱辛，也要「適應環境的決心」。社會的大環境不會因為個體而改變，公司的大環境也不會因為單一員工而失去運作，家庭也不會因為單一成員就全盤改變。因此，要能夠在挫折中讓自己本來的目的達標，必須讓自己學習「適應環境」。

在群體環境，無論是工作或學校，會遇到很多困難，有被霸凌，有被誣陷，有被利益侵佔，就像動物世界中的「弱肉強食」。因此**當你處在弱勢，必須積累更強的生存能力**，生存能力並不可以只用工作效率或者學習成績來衡量，而是以是否能夠適應過程中的阻礙，如同崎嶇路徑上的大石，你不可能搬開，但是可以巧妙地繞道而行。

適應波動不是改變目標，而是需要改變方法

人在逆境中，很容易讓人因為「害怕」，而不敢繼續前行。

當你在前往目標的路徑受到阻礙，有時候並不是因為目標設立有任何錯誤，而是因為沒有持續地前行。**其實人只要有「意識」就能夠前進，意識有了，就可以激發行動，這樣的意識必須賦予「意義」**。

如果人只靠毅力前行，就會在蜿蜒道路遇到大石的時候，誤以為要停下來對抗大石，殊不知，對抗大石對目標毫無意義。你需要做的是具有更好的配備與技能來繼續前進，並且巧妙地使用「軟技巧」避開大石。大石只是形體，對於最終目標沒有任何的益處。

很多人面對工作與生活的曲折，會有害怕成份，因此容易在前往目標的道路上患得患失。如果你有適應環境的意識，就會知道，生活其實從來就不可能只有順流。換言之，要

能持續行走，就要有持續前行的耐力。**人對於未知會有徬徨。但是，人生中最吸引人的其實就是「未知」**，這也就是為什麼人會鍾情旅遊，生活會有許多探險家。

人生道路崎嶇蜿蜒，那我們就用「適應崎嶇道路」的方法來行走，而不是用我們固有的走法來進行。不要擔心變換行走的習慣與步調，好像生活中失去主控權。因為失去主控權不是因為改變前進的方法，失去主控權是因為道路崎嶇而「停止步伐」。

適應波動的動線

快並不是意味著達標，這就是龜兔賽跑的意義。人不需要在工作與生活中都走在路徑的最前端，可以選擇「慢慢走」，更重要的是，**人生最需要的是「持續走」**，不要讓因為別人走得快，而給自己壓力。

倦怠發生的時候，並不是因為在人生到路上遇到路途彎曲而焦慮，而是在行走的過程中沒有把目光定睛在自己的步伐，反而把關注其他人道路行走速度。要知道，每個人的先天條件不同，在人生道路上的步伐也不一樣。

當你把目光投射在別人身上，會「誤以為」個人的道路比別人崎嶇，也會「誤以為」個人的前進速度差人一等。

慢慢走，適應道路波動，總會走到你想要的境界。就算行走中不免跌跤，爬起來再繼續走就是了。如果跌倒的幅度太大，使得你無法立刻站起，那就在跌倒處躺一會兒，這樣還能仰望天空雲卷雲疏。

人生道路崎嶇，有時候比康莊大道更能讓人珍惜生活。看看許多富裕者的後代，對於家中鋪好的康莊大道，心中仍有許多排斥，有的人想走自己的彎曲小路，不是被安置在所謂的康莊大道，行走在個人不想見到的風景，某些富人後代心中可能有很多無奈，只不過外界只看行走在被安排好的康莊大道，而看不到當事人心中之苦。

當有機會盡情享受行走在人生中的蜿蜒小徑，其實也是一種幸福。不要管別人的目光，也不要在意別人的道路，更不要在意別人的行進速度，就可以在行走中避免倦怠。

除此之外，生活與工作中有人同行，絕對比一個人孤獨行走輕鬆。重點是，要選擇對的同行者。雖然獨行有獨行的樂趣，但有人結伴同行，在過程中共同分享，甚至遇到危險的時候，能夠互相照應。

封閉的人生會造成與社會脫節，然而，獨居並不意味著封閉，是否能夠和「社會連結」才是與封閉與否有關。社會是群體運作，有互助的功能。因此當自己在職場與工作中遇到崎嶇波動時，避免倦怠，就要能夠選擇「對的同行者」，共同面對生活危機。

所以人生道路要選擇適合的工作機構、適合的人生朋友、適合的人生伴侶。至於什麼是「適合」？最簡單的分辨方式就是：對方是否可以讓你在路途前進中「感覺進步」。

舒服並不是適合與否的唯一指標，因為舒服有時候會抑制前進動力，真正適合的同行者，除了讓你感覺舒服之外，還會讓你感覺進步。工作與生活中的路徑蜿蜒，不是阻礙一個人的主要原因，只要找出適應的方式，就不會感到被繩索綁手綁腳，更不會影響你人生前進的步伐。

15 低頭哲學

當倦怠感來臨，如何用低頭哲學推動人生契機

克服倦怠法＋困難突破法

生活出現逆境，需要有「低頭」的能力，因為低頭不是戰敗，低頭是為了之後的「抬頭」。

職場低頭哲學是一種「情商」與「智商」的結合。因為職場的低頭哲學，如果只有情商，卻沒有智商，那就無法讓軟技能以「正確方法」解決問題；如果只有智商，卻沒有情商，仍然無法讓低頭哲學以「適合方式」解決困境。

當逆境來臨時，要有低頭哲學，來面對社會殘酷低頭、工作不順遂低頭，因為低頭不是示弱，低頭也不是放棄，低頭是要以「變通」來展現自己的實力，這樣才能以轉念突破逆境。

克服倦怠需要懂「低頭哲學」。

職場低頭哲學是「情商」與「智商」的結合。因為在職場，如果光有情商，沒有智商，無法用低頭哲學以適合方法解決問題；如果光有智商，沒有情商，同樣也無法用低頭哲學以適合方式解決困境。

職場與生活與利益依存密切相關，但是**職場的哲學不能只有看效益，也必須靠軟技能的「能力」**。當問題出現，最急迫的部分就是「解決問題」。在生活與職場中，誰的能力最強，誰就越能生存。但是，這樣的能力並不是只有工作績效，也包含人際相處。

生活出現逆境，需要有「低頭」的能力，因為低頭不是失敗，低頭是為了之後的「抬頭」。逆境產生，無論是外在問題還是個人因素，最重要的部分就是能夠堅持。堅持絕不是傻傻的勇往直前，而是要知道何時低頭，何時變通。換言之，職場的生存必須包含低頭哲學。

如何把逆境轉為「新」的人生的契機？雖然在為了新目標的努力過程中，一定會有很多人不看好你，但是，只要知道自己在做什麼，為了新目標，就能夠忍受任何生活！

低頭不是認輸，低頭是願意臣服。臣服是過程中的一個轉折，臣服並不是一個目標的終點，挫折的轉折處需要具有低頭的特質，低頭的哲學可以推動一個人在面對困難的時候，知道適時與適量的轉彎，進而突破轉折中的困境。

低頭哲學的「戰勝困境」

我認識一位來自亞洲，比我年長不少的女士，她的先生是美國著名學校的腦科博士，曾經協助參與很多重大腦科研究，但是，後來因為拿不到國家研究經費，也找不到與他專長的腦科研究相關的工作，意識到對於腦科研究不符合他的生活期望，毅然決然地轉行。

腦科博士認為人生只活一次，不想為了不喜愛的研究生活繼續糾結，腦科博士的同學們在腦科研究項目中做得風聲水起，但是他深知每個人的人生追求不同，尤其實際投入研究工作幾年後，才意識到理論與實際的不同之處。腦科博士在研究中面臨困境，讓他學習到「低頭哲學」，但是低頭是與人生的妥協，刪除自己不喜愛的部分。

後來，腦科博士考了電腦維修證照，做起電腦硬體方面的工作，之後又進修許多電腦課程，成為電腦工程師。腦科博士轉行的故事，發生在二十年前，對我啟發很深。根據女性朋友轉述她的腦科博士先生轉行成為電腦工程師後，又繞了一大圈才有穩定的工作，但是腦科博士覺得就此擺脫抉擇的綑綁。他告訴太太，「**一切走過的路都不會白走。任何的路徑當中的逆境都可以學習到困難的突破**。」

當逆境來臨時，只要肯低頭，正視現實與理想的差距，就可以讓希望再起。腦科博士曾經在研究經費申請不順時低頭，同時是對自己的驕傲低頭。他沒有因此落入情緒倦怠，即時的投入改變的路徑，具備豁達特質，再次闖出屬於個人的新路。

腦科博士轉行後，依然肩負家中的經濟重擔，不讓太太承受經濟壓力。當別人說長論短議論討論他「怎麼一個腦科博士，在做電腦維修？」時，他總是大方地回答：**之前研究「人腦」，現在研究「電腦」，也是與「腦」有關**。這種豁達精神就是「低頭哲學」的最高呈現，是非常值得學習的部分。現在，這位腦科博士更是是電腦銷售連鎖商店當中多家分店的老闆。

低頭哲學的「翻盤變通」

工作與生活面對逆境，絕對不是只有轉念與毅力，還要有把低頭哲學做到「變通」能力。因為轉念與毅力，如果沒有變通的「實質事蹟」來支撐，那麼面對逆境的轉念與毅力就會變成空想。

在投入新目標時，我們需要用之前面對逆境的經歷，投注在新的項目，這就是低頭哲學的具體行動實踐。

二〇〇八年金融風暴時，當時三個孩子所就讀的私立學校，忽然有大批學生在學期中轉學。當時大女兒念國小三年級，第二個兒子念幼稚園大班，最小的女兒讀幼稚園小班。

當時，三個孩子的級任老師都在學期中**被裁員**。

三位女老師都是西方人。有一次我去超市購物的時候，剛好遇到大女兒的老師，問候她的近況，她連忙拿出新的名片告訴我：「現在在補習班當老師，也兼職一對一的課後補習老師。」並且很禮貌地請我介紹朋友的孩子們給她。

之後，短短一個月的時間，該名被裁員的女老師已經有許多學生成為她的補教學生。

因為當時我的孩子們還小不需要補習，但是我介紹了不少朋友的孩子們給她。幾個月後，再度見到女老師，她告訴我，她得到公立學校代課老師的職位，雖然代課老師不是固定在同一間學校上班，而是每天接收教育單位通知哪一個學校需要代課老師，再前往不同的學校上課。

一年後，女老師才在另一所公立小學取得正式教職，也繼續課後輔導兼職，總薪資比之前在私校還高。她的「實質事蹟」就是運用了職場逆境的「低頭哲學」。

由此可知，透過「實質事蹟」變通，會達程「窮則變，變則通」。不用擔心別人的議論，更不要擔心轉換工作會讓之前沒有被裁員的前同事取笑。因為當未來的目標達標時，等於戰勝困境，改變生活。

把逆境當作是達成「新目標」的資本。讓自己的生活有新的活法，就是要如此的豁達，因為**糾結在世俗中所謂的成功，才是最不成功**！

真正的成功者知道自己的價值，不會被逆境打擊，更不會因為人言諷刺貶低消磨鬥志。只要不偷不搶，沒有做不合法的事情，無論是做什麼工作，只要你認為值得做，就不要在意別人的看法。

16

系統整合
面對改變，統整互助系統

克服倦怠法＋困難突破法

「正能量」在這個世界上非常重要。雖然「負能量」也能夠產生奮發向上的動力，但是負能量本身就會帶來內在的不平靜。生活的美好需要用平靜來支撐，而不是為了「贏」而讓個人充滿怨念。

生活與工作的互助系統需要優化。也就是人與人在衝突中需要妥協的能力，這樣才能讓資源系統整合，並且把互助能力優化，也才不會讓個人情緒落入當中的人事糾紛。

要克服倦怠，要先豁達接受自己的弱小，並且積極拓展資源。找到讓自己人生變強的方法。在生活中遇到困難，與其自怨自艾，倒不如讓自己更加努力做出一番成績，讓輕視你的人無法拖垮你的內心。你的努力，其實不是為了證明對方錯，也不是為了要讓對方刮目相看，而是為了讓「自己戰勝自己」。

——彭孟嫻

「互助系統」在當今社會極為重要。人類從遠古時期就是群聚為主，目的是抵禦外險。群聚模式雖然隨著現代人生活模式轉變，但是，互助仍是社會中相當重要的要素。

當人面對生活的挫折與磨難，往往很難看到希望，對人生會感到很大的無力感，久而久之，積極度會減弱，對生活感覺倦怠。**因此面對生活困境，「互助系統」才是產生「生活應急效應」最好的效應。**

工作與職場不免會出現病態狀況，有些人會藉由打壓你來評估個人實力，殊不知試圖壓制別人，才是最大的悲哀。因為生活中的能力不需要藉由打壓別人來證明，**人生中最珍貴的互動，就是運用自己的特質讓生活產生力量，並且協助他人**，而不是以打壓別人，產生戰勝別人的錯覺。

生活與工作的互助系統，需要「優化」相處的模式。在人與人之間，要在相處中達到比水平線更好的狀態。好的互助能夠產生「質」與「量」的優化，藉由看到別人的優點，提升互助能力，才能夠在心中不會產生紊亂，也不會落入人事不睦的紛擾。

在職場上，經常看到有些同事不斷互相指責，使得原本簡單的工作變得複雜。其實，人的時間有限，一直把時間花在處理人事糾紛，不只無法產生互助效應，還會讓生活變得烏煙瘴氣。你我的生活中都有各自需要面對的困難需要去解決，如果還要面對在職場上凡事不願意妥協的人，生活的能量就會浪費在毫無用處的紛爭。

整合系統需要先「接受事實」

新冠疫情造成很多國家的經濟發展損失，幾年內難以恢復。但是，大環境不完美，每個人都需要學會「接受事實」，唯有接受事實的不完美，才能在既有的事實體系中找到生存的方法。在心中抗拒多災多難的時代會讓人在感到抑鬱，無法在困境中開創出另一個出口。因為人在困難中需要突圍的勇氣，如果讓自己落入無法接受事實，也就失去更多改變現狀的動力。

接受事實，面對波折，需要有強大的內心，也需要有強大的啦啦隊。越是在困難的環境當中，就需要和有正能量的人交流。困境當中，不要和會貶低你的負能量者交流。最好的情況是能夠有家庭成員或好朋友的支持系統，讓正向理念產生「互助效應」。

正向能量非常重要，雖然有時負能量也能夠刺激奮發向上的動力，但是負能量本身會導致內在的不平靜，生活的美好需要用平靜做基礎，不是對凡事渴望是「贏」的結果，一但不服期待，會讓內心充滿怨念。

這個世界，需要有相同理念的群體，一起為著類似的目標努力。因為生活中的負擔本來就多，但是如果在孤軍奮戰之中就會很難有效前進。

整合系統需要先做到自我修復

自我修復其實是一種與生俱有的能力。**自我修復必須在生活中練習，否則就難以讓自我特質投入社會服務**。儘管自我修復會隨著時間的走向自然地產生，但是難免常常在過程中出現沮喪和倦怠，所以有些人遇到生活波動就會變得自暴自棄，就是因為在生活中沒有練習自我修復。

老實說，我對於生活與工作不可能全然豁達，但是經年累月的反覆練習，就能夠每日自我修復外界干擾，並且把生活中的不順遂看得雲淡風輕。因為自我修復是需要「督促自己」並且「訂下期限」。**沒有期限的自我修復，會讓自己的意志力逐步消耗。而自我修復**

後產生鍥而不捨的鬥志，會讓工作與生活中的「失落感」煙消雲散。

我認識一位幼兒園的女園長，在她創業幼教機構前，是當時我的三個孩子就讀的私立學校的幼教部老師，也是小女兒當時的班級老師。

其實，當時我已經看出一些端倪，因為在幼教部老師與家長的研討會中，我注意到該名女老師總是被冷落。但是，她仍然認真教學。該學校老師的正常下班時間是傍晚四點左右，四點後，孩子們被安排到學校課後輔導班可以待到六點，讓晚於四點下班的家長們不用急著接孩子。當時我到學校接孩子的時間常常是過了五點鐘，但她都還在加班，見到我會主動分享小女兒在學校的狀況。

這位女老師的努力認真，家長們其實都看在眼裡。她努力積蓄，過沒幾年，就在熱鬧的商業區，與友人合辦了以二歲到五歲的幼兒為主的小型幼兒園，專門提供在商業區開店或上班的父母把幼兒安置到她的幼兒園中。她在教室內裝置了全方位攝影系統，讓要上班的家長可以藉由手機或電腦觀看孩子在幼兒園的狀況，園區教室用大片玻璃面窗，讓在附近商場工作的父母能夠就近探視，父母們對於可以隨時觀看幼兒動態感到非常滿意。

之後因為經濟不景氣，大型私校不少老師被裁員。但是女老師開設的幼兒園因為收費較低，而且照顧細心，招生熱絡，新生數字持續上升，反而需要聘請更多師資，她也因此在商場旁找到更大的據點，作為擴充教室之用。

據我所知，當時有好幾位在被原先任教私校裁員的語言老師，後來都到她新辦的幼兒園任教。這位女老師把當時被看輕、被冷落的負面狀態，以積極的正能量轉化為「內在力量」，讓自己更加努力，來達到修復她內心挫折的倦怠感，不是藉由反擊前同事的冷霸凌來填補內在，而是用讓人生進階的自我修復來維護自己的尊嚴。

再次印證，當生活中遇到困難，與其自怨自艾，倒不如讓自己更加努力做出一番成績，讓輕視你的人無法拖垮你的內心。你的努力，其實不是為了證明對方錯，也不是為了要讓對方刮目相看，而是為了讓「自己戰勝自己」。

面對改變的自我修復，就是以毅力，把一個又一個極小的目標完成，串連起對生活修復的理想狀態。真正能夠做好生活修復的人，都是在生活中非常有自控的能力。許多沒有資源的人在生活自我修復當中，知道接受自己的弱小，在極弱資源中找到讓自己人生變強的方法，並且達到自助且助人的境界。

17 情理並重

在改變中，做到理性與感性並重的訓練

克服倦怠法＋困難突破法

「理性」與「感性」的決定，不應該以單一選項來選擇，而是應該以「事件」來區隔。因此同樣的事情，如果以理性或感性分別來處理，就會有不同的結果。過度的理性，會讓關係產生倦怠；過度的感性會讓事情過度失去原則。

人在生活與工作中就要把不好的記憶刪除，雖然人腦不是電腦無法按下刪除鍵，但是人可以選擇「好」的記憶留存心中，不要把心思意念放在攻擊你的人身上，因為攻擊你的人自身有理性與感性失衡的狀態，那人又何必為了情理失調的人來讓你的感受陷入糾結？

——彭孟嫻

生活就是在「變」與「不變」之中。

「理性與感性」不同於「智商與情商」。換言之，有智商的人不一定有理性，有情商的人不一定有感性，但是我也認識許多以上皆具備的人。

遇到困難的時候，除了之前提過的智商與情商，也要包含理性與感性的平衡法。在改變的過程，人的驅動力常常隨著自己內在的理性或感性而更動。因此**同樣的事情，如果以理性或感性分別來處理，就會有不同的結果。**

這並不是意指事情只能往理性趨向，不能做感性趨向，而是要**以「事件」來決定**。換言之，選擇理性或感性，要以事件區分。舉例而言，當工作上需要做出與金錢導向有關的決定，就必須理性，因為全然的感性，容易在金錢管理中迷失；如果是面對愛情或婚姻的相處問題，讓感性為主，並且以理性為輔，因為在感情中全然的理性，會讓感情變得缺乏溫度。但是，如果遇到有控制慾的伴侶，身為配偶的你，切記要用百分之百的理性，目的是為了保護自己。

很多關係在「變溫」之後，就會在心中產生疲憊。這樣的疲憊感有時候連聽到對方的聲音都覺得心煩，更別說是議題交流。這當中很大的因素是因為當事人把感情當成生意來經營，殊不知在關係的經營中，需要有「感性」的加入。

理性與感性在人生中同等重要，但是凡事過猶不及，過多的理性，有時候會在生活中驅使自己馬不停蹄，生活會過得很累，甚至在「累」到無法繼續工作時，才發覺自己過勞。這時候**當身體已經疲勞到無法產生力氣時，理性也會頓時失去效應。**

相反地，過多的感性會讓人在生活中落入過度理想化，不滿原本有序的生活，誤以為缺乏樂趣和浪漫，許多在愛情與婚姻中的相處衝突，有部分就是因為其中一方的感性成分過多，不知道另一半辛勤工作，其實是為了感情的穩定，甚至有部份把愛情或婚姻理想化的人，因此陷入感情倦怠，殊不知，當下的愛情與婚姻，其實就是幸福。

避免倦怠，理性與感性的選擇方針

除了工作與生活之外，人際方面也會有人不斷試著干擾你，有些人是你認識的，有些人是不認識的。那些想要以干擾你，來證明自己存在的人，有著偏差的想法：誤以為打擊別人等於戰勝個人。

對於上述打擊別人證明自己的人，無法表達情理並重的生活哲理，尤其那種人都是躲在電腦螢幕背後，進行網路攻擊，並不是你認識的人。這種喜歡干擾別人的人，常見有「凡事都想贏」的偏執，看到你在某部分表現好的時候，就會故意放假消息來干擾你，簡單來說，就是「見不得你比他好」。

面對這類攻擊者，從表象來看，可以解釋為攻擊者的「心情抒發」。但是「檯面下」其實就是想要「贏的心態」。可能是因為你所擁有的部分，可能是攻擊者自卑感的部分，如果攻擊你的人在人格中有處處想贏的心態，就更會憤恨你有任何表現優越的閃光點。攻擊者會用盡方法干擾你現在正在進行的目標。當他發現你仍然意志堅定且完全專心的時候，還會利用別人來干擾你。

如果是在職場上，遇到同行之中有不認識卻攻擊你的人，一定更要用「理性」來分析應對，不要落入對方的圈套，千萬不要在網路上和對方掀起激烈的互戰。可以用暗示的文字，讓對方知道你注意到他的言行攻擊。

但是，切記不要被攻擊者影響你的情緒，因為攻擊者自身就有情緒不平衡，意味著他沒有把理性的部分做好。

凡事都想贏的人，內心容易產生倦怠感，尤其會產生「過度競爭」的心態，因為攻擊者害怕別人贏，通常會加強攻擊力度，但是當攻擊者奮力過後，發現能力與結果不成正比，就會在心中出現倦怠階段，那就是凡事想贏的人會變本加厲攻擊你的時刻。

許多凡事都想贏的人，會有強烈的嫉妒心，因此面對有忌妒心的人要避開，因為具有忌妒心的人會形成禍害，一定要避而遠之。如果你是一個理智的人，可以做到一笑置之，但是如果你是一個情緒容易被翻動的人，難免受影響在內心起波瀾。因此，你必須訓練自己：對於外在干擾完全不需要理會，無論你是理性的人，還是感性的人都必須要做到。要注意，凡事都想贏的人，無法做到人生只專注在個人的道路。

每個人都應該專注在自己的腳步，不要因為別人的前進而感到失落。因為，別人的成功，並不代表你的失敗。可惜的是，就是有太多人凡事都想贏。殊不知，長江後浪推前浪，那是生命長河的推動，每個人都會有自己閃光的時刻，也會有慢慢「回歸原點」的時刻，因為這就是人生。

理性與感性的突破點

在工作中，面對刻意攻擊你的人，你可能會在內心感到不快樂。但是，這樣的情緒是可以克服的，因為社會中有太多「見不得別人好」的人。看到同事在工作中表現進步，就開始心生怨懟，如果面對在工作中凡事刁難你的同事，就更要好好地把工作與個人情緒分開，在工作中只要做好與工作有關聯的對接，不要被對方的言行舉止所影響。

面對外力刻意阻止你成功的人，反而更需要把自己經營得更好。不要在乎對方的言論攻擊，因為對方的言論沒有你想像的重要。**很多時候攻擊者高估他個人的影響力，殊不知社會上的道義運行，不是攻擊者他個人可以控管的。**

除此之外，在愛情或婚姻中，會有許多「權力拉鋸」。但是，在愛中，決策權是屬於「兩個人」的。因為夫妻關係在生活一段時間之後，順應對方的意願就會減低，妥協的意願也會減少，主要的原因就是沒有得到自己想要的生活，會以「互相抵觸」作為捍衛主權的方式。這個時候，只要適時增加一點感性，就可以讓權力拉鋸變成妥協。

人的記憶必須在「思想」中做好理性與感性的處理，因為所有的行動都是從人的思想開頭，每個人都有人生中不同的使命，只要自己把人生過好，不需要在意是否贏過別人。

在工作中或生活中，凡事想贏的人，所出現的倦怠感原因，有時候並不是因為他的生活充滿困難，而是凡事都想贏的人，眼中見不得別人好，因此產生憤恨感。尤其是網絡盛行的世代，很多不認識你的人，會對你產生忌妒或敵意，這些**其實與你沒有關聯**，而是因為凡事都想贏的人沒有足夠的能力達到他想贏的境界，卻自私地發洩他心中的不平。

凡事想贏的人會產生倦怠或厭世，常常是因為「理性思維」沒有控管嫉妒心態，以及「感性思維」放任情感覺知。這種人有時候生活也不算太差，但是內在不懂知足，歸根究底就是沒有做好「理智」與「情感」的控管。想讓生活可以在平靜中進階，將外界對你的攻擊都一笑置之，這樣就能讓在目標中情理並重的進行。

人是空空的來到這個世界，也會不帶走物質的一切離世。但是，我不認為人會「空空的走」，我認為，**人可以帶走「回憶」**。因此在生活與工作中，要把不好的記憶刪除，雖然人腦不是電腦，無法按下刪除鍵，但是人可以選擇「好」的記憶留存心中，不要把心思意念放在攻擊你的人身上，不必為了情理失調的人來讓內在感受陷入糾結。

18 洞察陷害

對於外來陷害，巧妙避險

克服倦怠法＋困難突破法

這個社會上的危險，你無法完全杜絕，但是你絕對有能力「巧妙避險」。任何洞察危險的過程，不是聰明，而是解碼。

面對外來陷害，你需要「穩如鐘」。外在陷害猶如寒風吹襲，但是如果你有足夠的禦寒工具與物品，那就不會被外在陷害所影響。

很多時候倦怠的產生就是你把別人的行為都列入你的感受，要知道別人的行為與對方有關，與你無關。「避險」是一種防衛性策略。人無法改變外在因素，但是人可以讓自己的裝備變強，避險就是洞察陷害的重要裝備。

——彭孟嫻

在職場或生活中很多「自我中心」的人喜歡製造麻煩，因為自我中心者無法正確評估外在動態，就會想方設法阻止別人前進。

更精準的說，這個世界上就算你不去製造麻煩，也會有很多麻煩找上你。這個時候很多人當下的反應就是生氣，然後反擊。可是，**反擊也要區分為「有必要」與「沒必要」**。如果找你麻煩的人造成你的利益受損，當然要反擊。但是，如果找你麻煩的人只是見不得你好，希望藉由言論打擊你的士氣，那麼千萬不要反擊，因為這種情況就是對方正在「等著你反擊」，一但反擊，那就等於中了對方的圈套。

社會上的危險有時候無法完全杜絕，但是你絕對有能力「巧妙避險」。

許多言論偏激者習慣用攻擊別人的方式來證明自己的存在，這類人通常是因為「好勝心」驅使，可惜的是，這類人忘記好勝心只能用於自己，因為人不是神，沒有能力左右別人生活的好壞，會陷害別人的人，心中肯定有問題。

既然出手攻擊的對方有我們看不到的問題，就不需要在意對方的貶低言詞。**因為那些人就算不認識你，也會在貶低的言詞中表現出類似很瞭解你的狀況。殊不知會用言語中傷你的人，他自己都不了解他自身的短處，怎麼會去欣賞你的長處呢？**

因此，對於外來陷害，你需要「穩如鐘」，這樣的方式可以避免落入找你麻煩的人的期望，當你遇到以言語攻擊你或貶低你的人，往往是因為你有對方沒有的東西或特質。那些攻擊你的人並不會承認攻擊你的原因，會以言語攻擊你的人自身就沒有反省的能力。

面對外來陷害，你需要如同松柏中耐寒

松柏在寒冷的雪季也是一樣綠意盎然，這當中並非環境優渥，而是松柏的特質就是能夠有「耐寒」的特質。

生活中不需要驕傲，也不需要自卑，但是一定要有「耐寒」的精神。外人的貶損，無論是你認識，或者你不認識，你都不需要在意。你只需要讓自己有更多的技能（禦寒工具）以及資源（禦寒物品），就能更如同松柏在下雪的季節仍然綠意盎然。

很多憤世忌俗的人看到別人優越的生活，就會心生嫉妒，產生陷害對方的想法，就算不認識，對方也會在言語中試圖表示出「惡」的言詞。會有陷害別人意圖的人，通常在生活中具有「比較心態」，也習慣以子虛無有的言論捏造與表達，那是陷害者的慣用方式。

如果**你被憤世忌俗人言語陷害，你不要生氣，反而要高興。因為當憤世忌俗者對你攻擊，也就代表你早已超越陷害者。**

生活的資產最寶貴的就是「淨心」與「靜心」。**心的雜亂始於嫉妒與比較。當憤世忌俗者要傷害你的時候，只要忽略對方，就是最好的方式。**人生只有短短幾十年，要好好的讓自己內在平靜，才可以把自己與家中所有成員都照顧好。

關於人生，重點不在困難來臨，而是在於「解碼人生困境」與「笑看人生起落」。**就算外在對你言語陷害，只要不理會，內心就不會被影響。但是，如果陷害的行為，已經嚴重影響你的工作與名聲，那麼一定要在平日蒐證，如果有必要，就可以提出法律訴訟。**

面對外在陷害的自我保護

經濟學中的「避險」就是降低風險。

要避險，就不要往可能傷害你的人靠近，不要傻到「明知山有虎，偏向虎山行」。任何被陷害如果與職場有關，就要多方查證與多方蒐證。因為職場中的陷害有時候會有違造文書，或者商業陷害等，嚴重者會引起司法後續。

但是，如果職場中的陷害，很多只是一些人言的小道消息以及言語攻擊，那麼你仍然要知道如何避險，刻意與製造麻煩者保持距離，身處職場穀倉效應中的小圈圈，如果與你的價值觀差異太大，身處其中也會感覺壓力與倦怠。如果對方的言行舉止已經超過你可以忍受的部分，可以向公司上層表明。職場畢竟是講求業績與效率，如果人事糾紛已經造成你的工作表現落後，就必須要採取「自我保護」。

職場中有職位之爭，升職的明爭暗奪之間會發生陷害。當你在工作中努力，不需要加入人事鬥爭，人事紛爭並不會使得工作績效增強。換言之，你對工作的滿意度，應該只專注在工作的內容，不要把人事納入。人事會有調動，刁難你的人，有時候會選擇跳槽其它公司。如果把工作精力，都放在人事紛爭上，你的上司或老闆也會注意到這樣的缺失，實在是得不償失。

面對在職場中的被陷害，你無須問「為什麼」，因為那是對方的缺失，與你無關，只與加害者的自身人格有關。

職場上，並非你對同事好，同事就一定會對你好。只是，在工作時，不需要把人性本惡納入考量，因為職場中多數的同事與上司都是良善的，只有少部分的害群之馬，才會喜歡製造職場風波。而這種會對你貶損的同事本身就有內在不安全感，他的人格問題與你無關，只不過是你剛好是他的同事，剛好承接了對方的不安全感言行。

「避險」是一種防衛性策略。

在職場中，你需要具有「避險」的意識，但不需要把每一個人都想成壞人。不過，絕對要在文件簽名以及工作交接都做好詳細的紀錄，這樣避險是保障你的工作，也是對工作負責。

當在環境寒冷中，有足夠的保暖工具與保暖物品，就不會因為外圍天氣寒冷而放棄，因為人無法改變外在因素，但是可以讓自己的裝備變強，**避險就是洞察陷害的重要裝備**。

19 危機處理

預設逆境，練習危機處理

克服倦怠法十困難突破法

危機處理，其實不能夠到了事情發生才來處理，應該要「預設逆境」，在平日盡量預先做好準備。

危機處理要簡化程序，如果把應急的事情複雜化，那就等於士兵還沒出征，就感覺軍令複雜。一個人之所以會讓危機造成讓自己內心好像四面受敵，那就是因為沒有在平日做好「危機處理」。

危機處理要先意識到「危機問題」，在問題惡化之前，先「分析問題」，然後找出「解決方法」。雖然我們人無法預測所有的危機。但是，在眾多社會事件當中，人可以由別人發生的危機，讓自己分析出問題來源，並且提前做好準備。

——彭孟嫻

何謂「危機」？

以我個人的見解，重要危機可分為三項。其一，「社會公安危機」與「醫安危機」，其二，「金融危機」與「公司公關危機」，其三，「個人利益危機」與「個人安全危機」。

生活中的各類危機，都意味著各類困難。因為疫情傳播的社會危機與醫安危機，造成長期生活緊繃，讓許多人身心俱疲。生活的侷限，也讓很多正在進展的工作需要停擺，生活中的經濟壓力也加劇。各種調查顯示，疫情期間人罹患憂鬱與躁鬱比例增高。

金融危機造成薪資問題，意味著資方在經營上遇到危機，同樣的勞方在薪資也會有波動。金融危機影響各個產業鏈，當產業蕭條讓公司的信譽受到影響，或許需要以裁員或減薪來應付受損的營收。由此可見，社會危機出現，會讓各方面的問題的產生串連。個人安全危機與個人利益危機，會造成小家庭生活動盪。如果家中有成員被裁員，因為關乎家中成員的金錢收入，會對小家庭的運作產生極大的影響，間接導致部分夫妻出現爭執，甚至有的夫妻會因此出現家暴。

其實，生活真的很不容易。眾多的危機，就算想要逐一解決，也不見得能夠迎刃而解。因此**危機處理，其實不能夠到了事情發生才來處理，應該要「預設逆境」，在平日就做好準備**。先意識到「危機問題」，在問題惡化之前，先「分析問題」，再找出「解決方法」。

工作與生活當中的危機處理如果做得不好，就會造成生活秩序大亂。因此遇到生活困難，一定要先冷靜，不要慌亂。任何的危機都有解決的方法。絕對不能把問題「複雜化」。換言之，**危機處理需要「簡化程序」**。因為人遇到危機，情緒已經感覺很煩躁，**如果還要把應急的事情複雜化，那麼士兵還沒出征，就會感覺戰敗**。人之所以會讓危機感造成讓內心好像四面受敵，就是因為平常沒有做好逆境預設。雖然我們無法預測所有的危機，但是，在眾多社會事件當中，人可以由別人發生的危機，分析出問題來源，並且提前做好準備。因為**聰明的人不會只以自己的錯誤來學習，而是能從別人的錯誤學到危機處理**。

如果人沒有正視危機，就會被危機折磨得不堪承受，讓內心負荷增加，也就容易對社會感到不滿、對公司感到抱怨、對家庭感到失望，到最後就會讓個人落入倦怠綑綁。當這樣的「不滿」串連，就形成大眾對生活的「無力感」，也就會慢慢失去生活的動力，這就是為什麼現代社會有許多年輕人變成啃老族。

生活中的危機處處都在，無論是駕駛的車禍事件、工作被裁員、愛情結束、婚姻變動、親子問題或身體疾病等等。在各種危機議題中，「角色」成為重要的部分，如果每個人都清楚自己的角色，就能夠提前預估問題，就有更高的機率解決問題，或是讓傷害減到最低的程度。

危機處理的解析

面對困難「危機處裡」相當重要。首先要先從自己的「心穩」做起。唯有自己讓內在感到「穩定」，才能面對外在的波浪。因為內在穩定就如同內在能夠「安住」。我們雖然無法以個人力量改變社會大環境的危機，但是我們至少可以讓個人的工作危機與生活危機減低。這就要從讓人的心能夠「安住」做起。人可以在工作與生活中有以下三點危機處理的方法：

1.個人職場權益保障

身為員工，如果知道自己所處的工作環境可得到保障，就能夠有必較安定的心。相同的，身為資方的老闆能夠體恤員工的需求，讓員工離職率降低。這些職場利益的基本保障，在我所寫的《職場霸凌》中，有清楚地提到基本工資的保障、加班薪資、每日工作時數、午餐與休息時間，以及健康保險、職災保障與政府勞保。**當勞方與資方都感受到自己的職場權益有保障，在職場就有安住的工作景象。**人是需要有安定感的，在職場要讓自己的心能夠安住，要讓自己工作住的職場，有穩固的安全網。就像住家如果是海砂屋，屋頂漏水、水管不通、油煙難排或藏污納垢，豈能安住？在工作中也是一樣，公司的規章制度，勞動契約如果沒有落實，員工自然很難感覺有保障，資方也容易面對勞資糾紛或是員工頻繁離職。**唯有在工作與生活中的危機事件減少，才能讓職場減少紛爭。**

2.個人核心價值增加

人實在很難樣樣做到精湛。提升工作中的核心價值很重要，人不需要什麼都會，那樣就可能變成「樣樣通，樣樣鬆」。在職場更重要的是，需要有幾項專屬自己的強項，這些強項能夠讓你在工作與經濟穩固。現在是分工的時代，如果在工作中處於各領域都涉略，卻無法有核心價值的提升，就很難讓個人內在的「信條」提升。因為一個員工對於工作的信念，仍然需要能力來展現。個人的核心價值不是盲目相信自己可以做得到，結果就能夠做到。而是要在工作項目中做到高於行業平均值，才能夠為自己謀生，也才能讓自己在職場安住。

社會上，傑出的人太多，我們很難做到頂尖，職場畢竟是「適者生存」以及「優劣比拼」的狀態，就算自己根本不想要比拼，但是工作績效，會形成一種無形力量篩選員工。在這樣的競爭時代，我們無需把別人當成競爭者，卻需要讓自己的工作項目能力提升，才不會被淘汰，能在工作中安住，否則隨時提心吊膽，深怕會在工作中被淘汰。

3. 個人安定心境訓練

人的焦慮，很多都是自己「揣摩」的。雖然工作中確實有很多的「不確定」因素，造成人的擔心，但是多數人擔心的事情，有一半以上都是過度操心的事，都是人揣摩來的。雖然工作需要適當的「預設困難」，為了事先預防工作中可能發生的危機。但是，如果「過度」使用預設困難，就會變成思維模式的負能量。反而會阻礙自己安定的心。

有時候，人的內心之所以不平靜，就像湖水的漣漪是由外界拿竿子在水面攪動產生的，有時候是狂風暴雨而造成波動，更多時候是因為個人內在的心境不斷地浮動。因此，要讓自己能夠在工作中具有安定心境，就不要在胡思亂想。在動盪的社會中，心念更需要有安住的鍛鍊。把工作的能量最大化，讓自己的內心焦慮最小化。**因為人生沒有過不去的坎，只要我們認為當中的坎，並不是坎，這樣內心就能夠安住了。**

要判斷自己的情況，不能以狹小的角度看其中的面向，並須以更廣的角度，來審視當中的問題，這樣才能看到個人的籌碼以及可以改變面向的位置。**很多時候危機出現，不只是危機當中的問題本身，也是你個人如何看待問題的角度。**就像有時候會不知道往左或往右，因此造成選擇困難，**是因為你所站的「位置」**無法正確看到全局。如果移動所站的位置，從不同角度來看原來的問題，就可以清楚看出當中的端倪，就知道如何處理當下的逆境。

20

多元思考

不要害怕破壞者攻擊，學會思考進退應對

克服倦怠法+困難突破法

破壞者的「動機」取決於不同破壞者的想法。因為外來的破壞者內心有不同的狀況。有格局有擔當的人不可能成為破壞者，因為內心有正能量的人會把時間與精神，用在善良的事物。

攻擊者心中通常有想要達到的目的。這些攻擊者的言語攻擊模式，有的會以「正面迎戰」，有的則會以「游擊戰略」來干涉你。攻擊你的人之所以會有攻擊行為，因為攻擊者在心中早就有想達標的目的。具有「惡」的負能量的人，會憤世忌俗。具有「善」的正能量的人，會一笑置之。

——彭孟嫻

思考，是一個人面對破壞者，需要有的「應急力」。

人生事事難料。面對無法預料的事情，要做到兵來將擋，水來土掩，就要運用「思考」的能力。**思考能夠將現在所面對的「問題緣由」，以自己的「能力運用」、「資源整合」，思考每一個不同的「解決方案」可能帶來的「不同結果」，最後做出「系統整合」。**

問題的源頭林林總總，如果是人為因素的破壞，會讓人內心產生憤恨，因為人對人際關係皆有不同的衡量標準，所以，每個人對於破壞者的定義也不同。

破壞者的「動機」取決於不同破壞者的想法。破壞者之所以能夠壞事，就是因為內心格局狹隘，甚至破壞者並不具有讓你受損的能力。現代人的眼睛是雪亮的，不會輕易相信散播的的謠言。

在職場上，工作場合中，被別人欺負你的事像是小事，可以忽略不需理會。但是，如果對方讓你的工作權益或利益受損，就必須要為自己爭取權益，採取理性的方法還以對方顏色。還以顏色不是要給對方難堪，更不是刁難對方，而是要用行動讓對方知道，你會「以牙還牙」。因為職場中，有太多人會「惡人先告狀」。如果你只會忍氣吞聲，對方常常就會得寸進尺。雖然有時候同事的小動作無法干擾你的工作進度，卻會耗費你的心神，因為你必須要更加努力地「控制自己」而不讓情緒爆發。其實，對自己的身心靈是很負面的。所以，只需要適度地「還以顏色」，讓對方知道你不是好欺負的就好，達到讓對方收斂的效果。

當然，難免也有自負自大的白目，無論你如何還以眼色，對方仍然會繼續在職場中打擊你。如果遇到那樣的人，就不是你的問題。因為，很多在職場刁難別人的人，之前也曾被職場霸凌，甚至有些人在心中放不下原生家庭對他的不重視，進而把職場看成是隱形的家庭戰場，要以紛爭來證明自己的存在。

因此面對職場與生活的破壞者，需要「多元思考」當中的局面，這樣才能夠理智的應對。不要讓情緒化佔領的理智，嘗試用不同的處理方法，會讓同樣的事情有不同的結果。

面對攻擊者的防範需要「多元思考」

「攻擊」可區分為言語攻擊與肢體攻擊。

面對攻擊你的人，如果是言語攻擊，你一定要思考。但是，如果是肢體攻擊，你一定要報警。

攻擊者之所以會有攻擊行為，心中一定有想達到的目的。這些攻擊者採取言語攻擊，有的會以「正面迎戰」，有的則會以「游擊戰略」來干涉你。因此對於攻擊者，進行「行為分析」，知道攻擊者的言語與行為的目的，才能夠保護自己，也才能夠間接進行反擊。

社會事件中有關攻擊行為的案例層出不窮，除了言語攻擊之外，更可怕的就是「傷害行為」，有時候會出現命案。

在此談論北美曾經發生的真實社會案例：兩名醫學院同寢室室友因為嫉妒所產生的恐怖攻擊。兩位住在同寢室的醫學院室友，一位總是成績優異，另外一位因此心生憤恨。忌妒心作祟的醫學生，就在成績優異室友的飲水中下毒，造成室友死亡。雖然下毒者除掉了他嫉妒的優秀者，但他最後難逃法律制裁，並且斷送自己未來在醫科繼續就讀的機會。這類破壞者出現的嫉妒行為並不是表現在言語，而是「惡」的行為，屬於蓄意謀殺，犯下滔天大罪，破壞者在斷送別人前程的時候，同時斷送自己的前途。

「忌妒心」是非常可怕的毒藥。很多悲劇就是因為嫉妒者心生妒忌時，沒有控管內在感受。**殊不知別人的優秀，並不是他的失敗**。只可惜這個事件上有太多因為嫉妒而產生的悲劇。具有嫉妒之心的人，不是以學歷區分，而是以嫉妒者的「內在缺失」來衡量。

嫉妒者的生活經常感覺壓力，而壓力是來自嫉妒者的比較心態。以北美醫學生的社會案例為例，兩位都醫學院名列前茅的醫學生，並不是遇到學習瓶頸的學生。只因為嫉妒室友總是穩坐醫學院第一名的席次，因此釀成大禍。由此可知，必須時時刻刻管理內心，讓負面情緒遠離內心。因為負面情緒不是只有「外界給我們的聲音」，也有我們「自己給自己的聲音」。

面對攻擊者所需的「防範戰略」

上述事件，如果殺害者是臨時起意，就無法預先防範。但是，大多數因嫉妒產生的言語傷害或行動攻擊，在平時都有蛛絲馬跡可以看出端倪。

首先，對於具有嫉妒特質的人，盡量要避開，**因為嫉妒者就像一顆不定時炸彈，當他的內在「缺失感」又出現的時候，就會以言語或行為傷害對方**。如果成績優秀的醫學生能先察覺有忌妒心得室友，申請更換室友或是搬出去住，或許就能避免殺身之禍。

當有憤世忌俗特質的人出現在身邊，一定要有戒心。因為具有嫉妒特質的人，失去理智，可能什麼壞事都做得出來，不論是在學校還是職場上，和憤世忌俗的人保持距離，可以減少憾事發生。

不是身處學校或職場都要戰戰兢兢避開黑暗，但不可否認的是，學校霸凌與職場霸凌經常發生，因此先讓自己處在安全的環境，才能讓夠好好學習或工作。

很多人在學校被欺負，在職場中被小人陷害後，變得步步為營，甚至放學或下班後，惶恐擔憂該如何面對未知的挑戰。如此一來，變成全天二十四小時身心靈無法放鬆，連在睡覺的時間都可能感到情緒低落，甚至有睡眠問題，影響身心健康。

當焦慮產生，就是代表必須思考，目前的學校狀況與工作環境是不是不適合你？

一個沒有辦法給你「安全感」的環境，就算拚命地投入時間與精神，反而可能會讓你陷入危險。甚至擔心攻擊者的行為，形成憂鬱、躁鬱，讓自己的生活痛苦不堪。因此，在工作與生活中要能夠做到「多元思考」，以智慧分辨人事物的輕重。這樣的道理，就像是動物覓食需要分辨食物種類，才不會誤食有毒食物。留意什麼情況需要避免，甚至有時需要逃離，「自我保護」是相當重要的，唯有感覺安全舒適，才能夠心無旁騖的努力。

Chapter

3

倦怠克服法的整合力

21 整合能力

征服倦怠，要先清楚個人內在能力，再往外尋找機會

克服倦怠法＋困難突破法

整合自己的能力路徑：要先清楚自己的特質與能力刪選事項→區分為值得與不值得→把過往經歷以點線面結合→篩選機會列出什麼是適合的機會，什麼是不適合的機會→遇到困難，請教專家，也就是請教你想要達標領域當中優於你的人。

關於整合力，需要區分為什麼是「值得堅持」，什麼是「不值得堅持」。因為工作與生活中很多誤以為重要的部分，其實是「不需要堅持」。

這個社會機會無所不在，但是這個社會中「並不是所有的機會都適合你」。在判斷機會的過程，要注意：「整合別人的經歷是參考，整合自己的能力才是智慧」，要知道篩選機會，因為有時候不適合的機會，比沒有機會更可怕。

——彭孟嫻

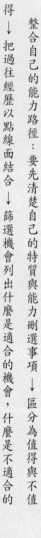

多數人都在尋找機會。社會上的競爭，讓人不敢懈怠，深怕稍作休息，就會被別人迎頭趕上。因此，生活或工作中，不斷地關注別人有的，深怕自己會落後。

其實這樣的心態具有毀滅的特質，**不停地想要把每一個人所擁有的一切，種植在自己的心田，只會浪費自己的時間與精力**，因為人的能力有限，無法每一項都做到極致，唯有先清楚個人內在能力，才能往外尋找機會。

有些人特別心急，沒有耐心先儲備自己能力，認為效法匠人精神成功速度太慢，喜歡在生活中東張西望是否有適合自己出頭的機會，這樣的觀望心態是本末倒置，因為任何的機會都需要經過深耕與積累。

其實，要讓自己達標，需要的不是「找」，而是需要「定」。

定是定心，是往下扎根的能力，定更是一種「整合能力」的全盤運用。

當一個人有「定」的精神，就不害怕別人迎頭趕上，就不會在意際遇的波瀾，也不會在乎成就的高低。

雖然社會很競爭，讓人不敢懈怠，但是當你的心能夠定下來，用自己的能力與資源，慢慢地定點與定項，做到往下扎根的努力。如此一來，不需要在生活或工作中，不斷地關注別人，更不需擔心自己會落後。

更準確地說，不停追趕別人的腳步，只會讓你的情緒容易落入倦怠。適合別人的路，不一定適合你，穩札穩打地行走，不追求在短時間就看到結果。「堅持」固然是有必要的，但是，如果是堅持不適合自己的項目，那樣的堅持無法順遂。

整合能力分為「值得堅持」與「不值得堅持」

如果你很確定堅持的項目，但是目前的能力有限，那就不要輕言放棄。但是，對於不喜歡的項目，那就不需要堅持。因為**人在工作與生活中需要區分什麼是「值得堅持」，什麼是「不值得堅持」**。

企業家、發明家、研究者、生產者或是藝術工作者，在各行各業的成功人士，往往具備堅持執念的特質。不過，執念要讓個人提升，必須選擇自己熱愛的項目，否則錯誤的執念反而消耗內在能量。一但產生想要逃離的感覺，就是選錯自己堅持的項目。

世俗眼中定義的「成功者」當中不見得適合每一個人。換言之，要避免倦怠，就要知道什麼是「適合你」，什麼「不適合你」，每一個人都有獨特的特質與特有的能力。如果人把目光放在成為世俗的成功者，很容易澆熄人的熱忱。

聽聞過身邊，能夠在工作上不斷進階的老同學提到：避免把社會上的佼佼者當成人生標竿。因為很多時候用盡努力，花費多年心力，仍然無法如同社會世俗認定的成功者做出一番成就。但是，仔細思考，這並不是意味著個人在努力多年都沒有讓自己提升，也不意味著個人在前往目標當中都沒有進展。

因為只把腳步定在追隨社會成功者，一定會讓人的內心陷入倦怠，因為容易覺得無論如何努力，也很難達到世俗的成功定義。

其實，在前往目標的過程中，只要做到追隨自己的「心」，把自己內在熱愛慢慢往下扎根，那就可以。

多數人在生活中用盡全力努力，無論在工作還是生活，總是希望成為當中的最好。但是卻忘記人生中最需要注意的部分是「找到你自己」。人並不需要凡事都在群體中做到最好，但是，人一定要在自己的能力中做到最大的努力。但是，在努力的過程中，累了就暫時喊停。因為沒有休憩的人生，並不會帶來人生的整合力。

整合能力的運用可以避免倦怠

人生最可悲的事情就是需要證明自己。

不停的追趕別人的腳步，只會落入倦怠，人可以穩扎穩打地行走，不需要在短暫的時間就看到結果。人對於「堅持」雖然是有必要的，但是，如果堅持的部分不適合自己的項目，那樣的堅持也就無法順遂。

在社會中，機會無所不在，但是「並不是所有的機會都適合你」，有時候「不適合的機會，比沒有機會更可怕」。很多「看似機會」的機會，是包裹著糖衣的毒藥，會讓你在進入那樣的機會中，變得身敗名裂。因此對於「機會」兩個字更是要謹慎選擇。

在判斷機會的過程中，要注意：**「整合別人的經歷是參考，整合自己的能力才是智慧」**。因為整合別人經歷，會讓人誤以為要達標就要把對方所擁有的都擁有，也會誤以為要把對方所走過的都走過。但事實上每個人的特質與能力不同，成功是無法複製，只能學習避免重蹈覆轍別人的失敗。

整合能力要先整合資源。任何人在尋求機會之前，都必須整合自己的能力。也就是你在「當下」想要有新的機會之前，不是複製別人的成功經驗，而是必須把「過去到現在」所做擅長的事蹟列出，再把每一個事件的「點」，找出關聯的「線」，進而做出整合的「面」，形成「點線面」的整合。

例如，如果你在二十歲至三十五歲，擔任銀行理專與做過市場行銷的工作，但是，在三十五歲的「當下」想要尋找新的人生目標，卻不知道從何找到機會。這個時候，就要自問：「過往每一個項目『點』是否適合你？」如果你的專業是財務規劃與市場行銷，但是你比較熱愛財務規劃，財務規劃就是整合資源中的「點」。再從從財務規劃中找出相關連的線，例如，哪些人與機構將成為你的潛在客戶，從這方面統合相關資源，重塑新的事業面向。換言之，整合能力，必須梳理人生每個階段中已有的項目，檢視哪些適合你，哪些不適合你。

很多人對於被稱為「專家」有強烈的感受，但是，什麼程度才能被稱為專家？其實「只要是在自己需要的領域中，比自己有能力與有經驗者，就是專家」。

因此，當你想整合自己能力的時候，要找的人就是必須是「經驗比你多」的人，無論你稱呼為專家或是良友都可以，絕對不可以找與你想要做的領域毫無關聯的人，尤其在目標前進的時候，避免被不懂你想從事領域內容的家人或朋友，持續輸出不適合的意見，就算那些意見是出於善意，也容易影響你的判斷能力。

在整合能力的過程中，不要讓別人對你的看輕、欺負或冷落，影響了你的目標。只要先清楚自己的「特質與能力」，再篩選項目中哪些是「值得」，哪些是「不值得」，和過往的「經歷點線面」結合進行「機會篩選」，再區分「合適的機會」與「不合適的機會」，如果遇到困難，記得先請教比自己在業界能力更好的專家，才能夠真正的「整合自己的能力」。

22 避免自責

在不如意當中，找到新的推動力

克服倦怠法+困難突破法

生活的不如意其實是另一種好的契機，因為一個人在生活中沒有遇到任何的挫折，是無法知道自己的得到有多麼需要好好珍惜。

任何的不如意，當中的解決過程不可能一蹴而就。「推動力」的過程，就是「逐步」往前的過程。也就是解決困難，要「一件」、「再一件」依序解決。

人在不如意發生的「當下」，是很難感覺到「不如意當中的美意」。主要的原因就是不如意事件發生時，個人對於「期待值」與「實際值」產生落差，因此就無法感受到不如意當中隱藏的人生「推動力」。

生活本來就會有落差，但是人總是很難接受結果不如意，但是時過境遷，回首過去，就可以知道所有的不如意，只要自己願意臣服與突破，就有當中新的美意。

——彭孟嫻

生活必須要有「推動力」。「推動力」顧名思義，有「推」就能夠有「動力」。所以，推動力不是看著別人有的項目，就想要納入自己的生涯規劃中。而是在生活中遇到困難，從不如意當中發現新的「推動力」。

但是，遭遇生活與工作的巨大困難時，如何還有動力移動？

生活中的不如意，只是暫時的。任何不如意導致的困難，都有需要解決問題的部分。

阻礙「推動力」常常不是因為個人的能力不足，而是被困難大石的體積造成心中的壓力。因為人會把困難的難度想像太大，如同心中被大石所壓，感覺生活受阻，目標受限。

其實，心的感覺會影響思想，更會影響行動。這時候，你需要的是在此書上一篇所提的「整合能力」，先清楚自己的能力與特質。此外，把自己的想法重新列表，讓自己知道只要是你熱愛且有能力的事情，就算前路有大石阻礙，仍然會有許多機器與工具協助你移開大石，重點是，你必須要有解決困難的想法，用行動推移困難。

面對不如意的解決過程，往往不可能一蹴而就。「推動力」是逐步往前的過程，解決困難要「一件」接著「一件」依序解決。遇到困難想要在解決的動作中，立即看到成效是不可能的事情，因為很多時候不是個人的因素造成困難的。

生活的不如意，其實是另一種好的契機。如果一個人在生活中沒有遇到任何的挫折，就無法知道自己所擁有的有多麼需要好好珍惜。有太多的人活得自負且沒有同理心，就是因為生活過於自滿。過於自滿是一種狹隘，無法接受別人的優秀，甚至，自滿的人無法看到別人的優點超越他，也會產生忌妒。

自滿的人在遇到不如意時，雖然會全力以赴想要扭轉當下的不如意，卻會被個人憤恨的心，推向憤世駭俗的階段，甚至會以言語或行為企圖毀壞別人，殊不知，自滿者就是自卑的化身。

在不如意中可成就的推動力

遇到不如意，就要找到上天給我們的「不如意中的美意」。

這樣的說法很抽象，其實也很實際。因為每一件不如意的事情中都有前因後果的關聯。人在不如意的當下，很難感受到美意，因為不如意往往源於人的「期待值」與「實際值」有落差，無法感受到不如意中隱藏的人生「推動力」。

事實上，人生每一次的突破，都是可以在不順遂中學習到的人生功課。

人之所以能夠不斷進步，就是因為生活中有許多遺憾，如果能夠從中找到背後的意義，就能夠帶給自己新的推動。

在愛情或婚姻中，發生不如意的事件，乍看之下，似乎是不幸福，因為和自己所想的落差太大。例如，有的配偶具有控制狂的特質，相處時，會產生讓另一半不快樂的情緒。

我處理過許多婚姻看似悲慘與不如意的衝突案例，如果夫妻雙方能夠對不如意的部分，做出改變，讓當事人的生活越來越好。相反地，如果夫妻其中一方或者雙方，都不願意做出改變，那不如意的大石就會越來越重。

尤其是家暴，如同婚姻衝突中的巨石，施暴者會以暴力加害配偶，部分施暴者也會加害孩子，面對家暴這塊巨石，有時無法搬移，但是，受害者千萬不要忘記，受到暴力傷害，你可以選擇「離開」，也可以「找人協助處理」；如果婚姻暴力的石頭不大，覺得可以自己處理，建議你讓雙方都要尋求「專業的協助」，因為任何不如意的推動力，都可藉由外界的專業力量介入。

在面對婚姻的不如意事件，最重要就是要「避免自責」，不要想為什麼當時很多人追求，卻選擇一個不知道珍惜且有家暴行為的人。任何的自責只會把人的精神落入更深的倦怠停滯。

推動力的「結果論」

在職場工作中，如果遇到上司或同事故意刁難，千萬不要傻傻地在心中難過，應該趁機分析上司或同事故意刁難你的原因，究竟是你需要在該事件中配合？還是存粹只是刁難你？遇到任何不如意，一定有「源由」，源由並非探究對錯，而是要懂得分析當下情境，**知道下一步該如何處理**。

在面對上司或同事的不配合，不要急著把事情全盤推翻，**因為就算「結果」不是你願意見到的，那就在當中學習到處理的方式**。如果是對方的錯誤，你要學習到防範；如果剛好是你的工作疏忽，上司或同事指出你所需要注意的部分，等於讓自己有機會能夠在工作中得到更好的學習與提升。

面對不如意的事情，人要學會分辨哪些部分自己有責任歸屬，哪些部分是屬於外在的刁難。如果無法及時分析，並且做出改變的行動，往往會讓工作與生活卡在「停滯期」，讓心中產生嚴重的倦怠感，但至，這個時候，只要你想改變，一切都不遲。

面對倦怠停滯期時，你更需要從中找到「意義」。因為不如意的感覺常常是對於「結果」的不滿意，換言之，**人對於結果沒有達到預期效應，心中產生怨懟，不如意由然而生。**但是，人總是很難接受生活中，因為和預期不同產生的落差，不論是對人、對事還是對物，一但出現與「預估值」迥異，就會當成不如意。

生活的步伐，上天自有安排。當事情與你想像的不同，不需要自怨自艾，更不需要自責，不如意並不等於事情糟到谷底，就算真的遇到人生的低谷，仍然要有再次爬上的能力，只要你拿出「推動力」，一步一腳印地慢慢走，就會由谷底進階而上。

23 克服衰竭
克服沮喪失望所造成的動力衰竭

克服倦怠法＋困難突破法

人常常會把職場中的人事物「過度揣測」，認為過度揣測是一種「自我保護機制」。這樣人就會常常感到內心混亂，難以做到淨心，以致容易導致誤判局勢，陷入動力倦怠衰竭。

這樣的內在過度推敲，往往讓人產生內在壓迫，失落與擔憂的情緒也會隨之產生。如果你在心煩意亂的當下，無法區分什麼是事實，什麼是過度擔憂，那麼就把內心雜念全部清空，只讓「不驚、不懼」必須深植心中。

當職場的權益剝削，常常是擊垮有抱負年輕男女的原因之一。其實人遇到不如意的事，只要只要專注做好工作與良善處理人際，之後的際遇就順其自然。因為「太在乎」並無法改變職場的現象。而是需要以「多努力」來突破當中的不如意。——彭孟嫻不知道你有沒有經歷過盡心盡力工作，上司卻完全不認同；用心對待家人，卻被視為理所當然；或是曾經對朋友掏心掏肺，卻被朋友出賣；在工作中，職務明升暗降、被冷落、代人受過或勞而無功，種種撲面而來，讓你日復一日愈覺得沉重和疲累。

上述種種是職場的「現象」，但是，有時候在工作中受傷太多，就會形成「過度揣測」，變成是職場的「幻象」，因為很可能有些人事物情節，是為了「防範」而想像出來的。

這些職場困境產生時，無論是「現象」還是「幻象」，都是職場中的「相」。當職場百「相」叢生，內心對於職場所遇到的人事物，常會有過度的擔憂與揣測，而內在的過度推敲衍生內在壓迫，失落與擔憂的情緒便隨之產生。

當職場現象與幻象造成個人壓力，不只情緒內耗，更會讓身體出現異常。當工作中有突發狀況，例如，組織人事糾紛或是裁員等，更是會讓人責備自己為何沒有及早預測。而這類工作過程中的雞毛蒜皮小事，都會讓內心積累的負面情緒轉為病灶，產生職業倦怠的疲憊狀態。

工作造成的壓力與負面情緒，如果不及時調整，與日俱增的「無力感」與「落寞感」，會逐漸侵蝕內在感知，尤其對於工作的期望值與實際情況有落差時，內在焦慮會促使人更加過度揣測後續的發展。原因在於：**人會把職場的過度揣測，認定為是一種自我保護機制**。可惜的是，這類自我保護機制，只會增加內心混亂，難以「淨心」，導致容易判斷錯誤，陷入惡性循環。

在現實生活中，人們遇到困境或逆境，會想方設法試圖去「扭轉現狀」。殊不知我們就算短期試圖改變現狀，但是如果當中的人事物已成定局，那麼試圖改變，有時候就成為無濟於事的努力扭轉。這樣就會讓人的倦怠感更加深，也會讓人陷入更大的焦慮。

當不斷努力總是打回原點，其實以「不處理」也是一種處理。不處理並不代表不努力，而是不處理代表不把精神放在工作人事物的雞毛蒜皮紛爭。這個世界上真的有部分人，確實能夠做到不被外在逆境所影響。但是能做到的人少之又少，原因在於人對於工作有「期望值」，因此職場問題層出不窮，就會干擾我們看事情的角度，因為人對於工作表現「太在乎」。

這樣的工作在乎，主要來自經濟因素的需求，也有成就感的認定，還有工作人際關係的認定。但是，「太在乎」職場當中的人事物事與願違，就會讓人感覺在工作中無法使力。其實，更好的方法是，只要專注做好工作與良善處理人際，之後的際遇就順其自然。

克服倦怠需要有「不驚不畏」的智慧

職場中有許多超乎我們能控制的因素，有時礙於經濟需求，必須屈服在職場不公不義之下。雖然多數職場仍有公義與正義，但是，**不可否認的，部分職場當中的權益剝削，常常是擊垮有抱負年輕男女的原因之一**。

面對職場的不如意，「不驚、不懼」必須深植心中，因為這個世界不是只有一個工作。事實上工作的失去被裁員或不順心，換個角度就是可以更換另個工作。但若能夠在工作中盡量做到不驚、不畏，並且讓「相信自己」堅如磐石。

如果人不能在相信自己，就會在心中燃出畏懼與憤恨。這樣的憤恨就會在人的生命中帶來毀壞。當憤恨在心中滋長，就算人有積極向上之心，仍會因憤恨而無法讓結果稱心如意。

在職場若實質權益受損，當然需要說出來，但如果只是因為心中焦慮產生擔憂的幻象，而試圖想說或想抒發，其實倒可不必。換言之，如果職場真的受到權益受損的「事實」，就要為自己伸張正義，但是，如果在職場遇到的現象，讓你「感覺」事與願違，那就盡量不要放在心上。

我們在職場或生活，常常會看到部分人士對目標的「取」虎視眈眈，不擇手段。但是，「取」必須行之有道，如果取之不義，就算短期得到，也很難長期受益。職場中的「說」必須有理有據，如果是以欲說來攻擊對方，這樣的取得就是生命的業障。

生命中有許多「相」，如果職場中試圖掠奪的人以言語攻擊我們，就讓我們在心中產生慌亂之相，那就會讓我們生命長河的意義受阻。面對職場的不公不義，我們需要用對的方式來保障個人的權益，但是不要忘記保障個人權益只是生命過程的驛站，生命長河的真正終點，仍以內在清淨為主。

職場上的委屈，有時訴說不盡，如果因為工作而走進負面驛站，無可取、無可說，離開就是。

倦怠克服需要「無懼困難」

在職場無論是受僱或自僱，要站得穩妥，需要看得透測。這樣的穩妥，不是指自己的職位，也不是自己的單位頭銜，更不是自己的資產淨值，而是自己內心是否能以通透的「淨心」，看清職業對個人生命的意義。

人之所以會在生活中感到沮喪與失望，就是因為個人的內心被外界所干擾。

因此，要克服內心衰竭，就要先把內心的負面感受清空，讓內心淨心，這樣就能對職場當中的現象感到釋懷，也能讓內心戰勝恐懼。當一個人能夠把過度擔憂從心裡刪除，就可以減少人在生活或工作中的苦難。當人能夠在心中清空雜念，心也就能夠靜下來，自然就不在意工作或生活中的紛紛擾擾。

如果你在最心煩意亂的當下，無法區分什麼是事實，什麼是過度擔憂。那麼就把內心的「全部」都放空。其實，人並不需要在內心完全清空達到「淨心」，人可以先讓自己藉由內心「靜心」，把內在雜音全部刪除。

有人會問：「淨心」與「靜心」不同嗎？

其實兩者是息息相關的，但我個人認為，要先靜心，才能淨心。因為心中要先能夠安靜下來，才能過濾心中由外界接收的雜質，這樣人的內心才能有淨土般的田地，讓你放置平靜之心。

職場的「良善」要扎根在工作之中，因為人很容易讓當下的逆境際遇，影響個人的喜怒愛樂。因此要在生活與工作中感到快樂，就不可以讓工作中盤根錯節的負面情緒延續到後續的個人生活，並且要能夠感受到工作中的正面意義，這樣人才能夠認知到工作的價值在於「自我價值」，這樣就不會太在乎工作以外所圍繞的煩心人事物。

其實，工作與生活需要在不影響實質發展的情況下，把困難阻礙當成人生可以提升的轉折。

在實際生活中，我們遇到的人事物多數沒有我們想像的那麼糟，但是我們有時候會把事情負面過度放大，而造成心理負擔過重，因而產生沮喪與失望。就算你所遇到的工作委屈屬於比較嚴重的現象，你也不可以讓自己懷憂喪志，要讓自己繼續有動力前進，換個工作，離開就是。換工作，並不是代表需要換產業，你也可以待在一樣的產業，只不過換條工作軌跡努力。

千萬不要因為工作中的逆境，就把自己所有的情緒搭了進去。更不要讓工作的不順遂影響了你的家庭生活與個人生活。**人生是無盡的挑戰歷程，當中失望、傷心、沮喪、難過、生氣等，這些反應都是正常現象**。但是，如果內心持續糾結，無法把逆境當成常態，就會讓你產生對人、對事，都會出現「倦怠感」以及「放棄感」，這些衰竭感受，要克服就必須完全在你的內在「放空」，並且做到「不要在乎」。當你的情緒不再受到外界的強烈衝擊，才能抑制倦怠，克服內心衰竭，這樣面對困難的時候，就能做到不驚、不畏，也就可以讓你不再被「過度在意」綑綁自己的動力。

24 改變策略
保持目標不變，只要改變做事方法

克服倦怠法＋困難突破法

「改變策略」就是改變方法。當前往目標的過程受阻，常常是因為方法錯誤。策略的掌控，在於策略必須試過才知道，因為再好的策略，也會存在理論與現實的差距。社會局勢的變動，全球景氣的波動都會造成策略實施的落差。但是，同樣的事情讓不同的人實施，就會有不同的結果。這就是因為不同的策略仍然能夠在困境中突圍。

如果你發現同樣的事情，無論你試過多少方法，也無法讓自己轉出死胡同，或許你需要考慮「往回走」，因為往回走也是另一種方法改變的方法，因為並不是所有的目標都只是往前行，你也可以往回走，在回頭的路上看到別的轉彎處，也許就有更多道路選擇。

——彭孟嫻

策略就是「方法」，有時候目標難以達成，並不是目標設定錯誤，也不是能力無法承擔，而是策略方法錯誤。而大多數的目標進行時，難以掌控的是，有完全對的策略。

換言之，向目標前進的過程中，有著熱忱與能力，以及思考與毅力，難免會遇到錯誤決策。**因為策略運用，必須等到真的試過才知道。也就是策略方法中存在「理論與現實的差距」**。

可惜的是，很多人遇到挫折的時候，很容易認為是個人設定的目標是錯誤，因此就產生停止努力的念頭，想要轉向其它新目標。但是，我們在之前的文章提過「往下扎根」，任何的事情要達標必須經過一段時間的堅持。但是，在堅持之外，我們也需要更改策略，因為很多人在生活中對目標具有「高標準」，因此當事與願違的時候，人就容易加倍苛責自己。

其實在事情沒有達標的時候「檢討」是有必要的步驟。但是，檢討是必須檢討「事」，而不是互相指責。檢討錯誤是為了找到「新的策略」，讓是情的近展能夠有新的曙光。檢討需要適可而止，因為「過度檢討」並不會帶來更好的結果，只會讓人陷入更大的情緒糾結，對於事件中的人事物也會產生倦怠。

要有策略，就要先有「定位」。要改變策略，就要先「改變定位」。人的策略制定錯誤，常常是因為沒有預估好「外在環境」，也沒有預估好「個人資源」運用的多寡。這就是很多人在創業的路上，有理想與能力，也有毅力與努力，但是卻高估或低估個人資源，也沒有把社會變動與全球經濟波動納入目標進行「風險評估」，一但發生風險，就會面臨事與願違。

改變策略方法，就有不同的結果

世界上從來不缺優秀的人，因此在生活中千萬不要高調行事。凡事依據自己的時間與步驟，不要擔心同業的狀況，但要掌握自己身處的行業大環境與國際趨勢。再加上自己在行業中的努力與堅持，就不用擔心同行是否迎頭趕上。同時也不需要在努力的過程中追趕同行，因為任何的努力，只要與業界軌跡相通，就是對的進展，不需要把注意力放在別人的腳步。

但是，一但結果不如人意，這時候，就要有改變策略的方法。

我的三個孩子都是從三歲開始學游泳，大女兒三歲就送由知名奧運選手開設的游泳學習班。當時我很困惑為什麼該名男教練從來不下水教課，課堂中只有一名女助教在游泳池中陪著三歲孩子們練習，那名主教練雖然具有奧運選手的光環，只在泳池畔發號口令與肢體比劃，難道奧運選手出身的教練都如此嗎？

說也奇怪，有一半的孩子們看著泳池畔的教練比手畫腳，就能夠按照指令學習，並且游得有模有樣。但是，我女兒卻需要靠水池中的女助教，手把手地教導游泳技巧才能跟進。而且班上其他的三歲孩子，之前都沒有接觸過游泳，因此，我不禁打消心中不贊同游泳主教練的不下水教學方式。

仔細檢討原因後，我認為必須改變策略：更換游泳學校。

堅持了半年的三歲幼齡游泳學習後，我真的覺得那所游泳訓練學校並不合適我女兒。我深信**沒有學不好的科目，只有用錯方法學習**。其中用錯方法，是因為老師的教學方式與學生的學習領悟不合拍，不是老師不好，而是老師教的教學方式讓學生無法領悟。

當時有其他家長曾告訴我「也許是我的大女兒不適合游泳」、「要不要等再大一點，再學習游泳呢？」。但是，我認為游泳是求生技能，必須儘早學習。

我相信該名奧運選手出身的男游泳教練是非常優秀的教練，因為當時同期班上的一半學生都進步快速，才半年的時間，班上過半數的三歲學生們都像小美人魚般，可愛地在池中游動。所以我很確定，該名教練在泳池畔不下水的教法不適合大女兒，而在水池裡的女助教只是負責孩子的安全以及姿勢的糾正。

之後，我把女兒轉到另一家游泳學校，並且以一對一教學，就在短短的幾次教學，我的大女兒游泳技能明顯地進步，這意味著不是項目的問題，而是需要改變學習策略，包含學習師資與學習場地。

之後，大女兒持續學游泳，到中學時，她已經是游泳教練同時兼職救生員。一想到女兒三歲時初學游泳遇到的瓶頸，那些曾經勸我不要讓女兒學習游泳的家長，一定很難想像，大女兒日後在中學的兼職工作就是「游泳教練」。

由此可知，可以保持目標不變，只要改變策略與學習方法，方法包含師資。適時地「改變策略」，就會讓原本認為不可能的事情變成可能。

改變策略，可以保持目標不變

在事與願違的情況下，只要你確定你所堅持的項目，並且確定該項目是你的能力所適合，可以保持目標不變，只改變做事的方法。

如果發現同樣的事情，無論你試過多少方法，也無法讓自己轉出死胡同，或許需要考慮「往回走」，有時候，往回走反而是另一種方法，**並不是所有的目標都只能往前，可以往回走，回頭的路上看到別的轉彎處，也許有更多可以通往目標的不同路徑。**

人在前進受阻的時候，容易感到心力交瘁，想闖關又怕做不到，想要換跑道卻又不知道往哪一個方向前進。這時候，是最容易失去鬥志，也最容易落入倦怠。如果你知道自己有權利可以往回走，知道回到「原點」也是策略改變的「其中一站」，再次回到原點並不是毫無斬獲。

在往回走的路徑上，要讓自己的「觀點」重新改變，因為觀點會左右你的行動。往回走的過程，並不是代表一切歸零，而是在往回走的這一段路程，也是目標長征的路徑，仍然有很多可以重新制定「新策略」的契機。

人如果不願意接受「新的觀點」，總是糾結在「結果與預期不同」的挫敗，就會產生許多「為什麼？」的怨嘆。

怨嘆已發生的事情於事無補，每一個「當下」的狀況不同，只要你願意持續努力，以「不同觀點」和「不同方式」再一次嘗試，漸漸地會清楚過程中需要避險的部分，甚至因為之前挫敗經過檢討，會更清楚掌握需要加速的路段。

「策略施行」就像是下棋，當中的脈絡，必須經過仔細思考。做事絕對不可以跟著感覺走，一定要全方位「思考策略」與「風險承擔」。仔細思考風險的部分，並且評估自我承擔能力，在積極樂觀中同時做好「最壞打算」，那麼一但目標受阻，都是你「再一次」嘗試的最佳機會。

25 內在重組

由內而外重組，避免外界干擾形成倦怠

克服倦怠法＋困難突破法

人有地盤意識，會被外界干擾的原因，很大成分是因為感覺自己內在或外在的「地盤被入侵」。其實很多時候別人拿走地盤，並不是針對你，而是這個社會中的資源有限，不可能讓我們隨時都擁有。

人對於外界干擾，需要正視被干擾當下，所產生的「好感覺」與「壞感覺」。因為內在整合不能只專注在好感覺，也要藉由壞感覺增加對自己的了解。因為人生中很多的盲點，是必須藉由壞感覺來觀看出個人內在可能落入倦怠的事項。

倦怠的產生，常常源於外在干擾。對於在言語與行動處心積慮干擾你的人，無論對方是什麼出發點，你都應該更專注在你自己的目標，讓自己生活得更好，讓對方知道干擾你是無法起到任何作用，等於完全白費心機。

在職場或工作中遇到倦怠階段，為什麼要「重組內在」？難道不先「消除倦怠」，怎麼反而是先重組內在？

其實，倦怠消除，是一個「過程」，並不是想要讓倦怠消失，倦怠就會如同變魔法般立即消失。事實上，很多時候，人在前往目標的過程，那種倦怠感的過程有時候可以短時間就恢復，但是有時候卻是相當長時間的漫長修復過程。

人是有「地盤意識」的個體，從遠古時代的部落到近期的戰爭，都是起因地盤爭戰。對於「侵略者」而言，奪取新領土是對族群有益的事，但是對於「被侵略者」而言，侵略者的行為是天理不容。這類觀感上的差異，就是因為雙方的「立場不同」造成內在心理的看法不同。

同理可證，對原本幸福的伴侶關係或家庭來說，出現第三者侵入時，受害者會感覺地盤被入侵。但是，對於第三者而言，會覺得自己的行為是為愛而戰，因而忘記法律規章與社會規範，關鍵原因就是人的「立場不同」。

隨著人對於自由的看法不同，愛情或婚姻當中就會有不同的抉擇出現，有些人面對第三者的入侵並不會選擇爭戰，而是會選擇放棄，因為現代人對於地盤意識的思考有所改變。

在職場上，難免會遇到處心積慮想要爭奪地盤的人，面對新進同事表現傑出，就會在心中心生憤恨，擔心新進同事占領地盤。其實，有時候表現傑出的後進者並不是在爭奪地盤，只是做好自己的本分。

職場中難免會感到資源有限，對於曾經握有資源的人，會擔心後起者會占據資源。其實，這種地盤意識是一種誤區，因為資源本來就無法呈現固定的局勢，後進的職員常常也只是做好本份，就讓老員工感到地盤被侵略。新進的同事能夠有能力把工作做好，卻讓擔心喪失既有資源的人，感覺到資源被剝奪，很多時候那只是一種多慮的「假想」。

如果你正在經歷職場中的資源爭奪，請先把自己的焦慮排除，重新審視自己「內在感知」，重新認識自己的「內在目標」，還有重新正視自己為什麼會對職場資源感覺匱乏。

人的感覺有很多層面，無法立即刪除地盤被入侵的感覺，當察覺到內在的「好感覺」和「壞感覺」同時存在時，必須「重組感覺」，而不是讓壞感覺消失。

但是，要如何「重組感覺」？

其實，當職場或生活中的出現倦怠感，就是因為有一些你「太在乎」的人事物，或

是「太在意」想突破的人事物。當事情發展與期望不同的時候，感覺痛苦進而發展為內在倦怠。

要讓倦怠感消失，就要重組自己的內在感覺，把本來過度看重的人事物，重新排列，就不會讓外界干擾你的內在感覺。

干擾者的行為

當生活出現處心積慮干擾你的人，無論對方內心的出發點是什麼，目的就是要干擾你，讓你失去鬥志。甚至干擾者試圖影響的目的，只是想抒發個人憤世忌俗的情緒。事實上，用干擾別人來突現個人的優勢，往往會適得其反。因為試圖干擾別人的人，目光狹隘，喜愛用負能量迫使別人的人，感受到周遭的負能量，只會讓憤世忌俗的言論加倍，誤以為那些言論是正確的，殊不知負面言論就是侵犯了別人的地盤。

社會上總是有不同的聲音，難免會有思想不正的負面群體形成同溫層小群體。這類群體防不勝防。當面對這些外界的干擾，要避免自己陷入倦怠，要讓自己「重組內在」，如果能夠做到不在乎對方的言行，就不會被對方干擾。

當你知道干擾者的「內在動機」是希望看到你失去能量前進，那麼就要把好好運用別人對你的「干擾」，轉化為動力前行的燃料，唯有你加倍努力達成目標，讓干擾你的人無法如願，才會更有動力前行。

或許你會疑惑，為什麼會有人不專注在他個人，反而要把精力用在干擾你？**其實他的目的只是得到他自己的「存在感」，並且督促他自己「不能輸」**。事實上，想要用干擾別人使他個人有局勢上的優勢，只會適得其反。

「好的干擾」與「不好的干擾」

干擾的言行區分為「好的干擾」與「不好的干擾」。

說說我到公家機關辦事的經驗，那天從早上到關門前，想要辦事的人大排長龍。當時該機關無法採取預約制，現場排隊的人數眾多，雖然隊伍有序，但是到了辦事處關門前的一刻，擔心排不到的人就開始起哄。其中有些人不斷地在隊伍中散播負面言論。因此，有兩位警衛出面制止，這樣的制止行為是「好的干擾」，因為抱怨不斷的少數民眾已經影響了守規矩排隊的多數人，警衛面對失控的秩序，對抱怨者曉以大義，提醒他們到機關辦理文件需要遵守規則，抱怨者仍然不斷地叫囂，因此兩名警衛說道：「如果你持續吵鬧，我就請警局人員到來協助。」

此話一出，現場抱怨者只剩一人，其餘的抱怨者頓時安靜。而持續抱怨者就在警察出現後，立刻安靜。對於喜愛滋事的惹事者，持續出現「負面干擾」的行為，就是缺乏同理心，不考慮到週遭人的感覺，更不會考慮到該機關辦事人員的勞累，**那些專注負面干擾的人，心中只有一個意圖，就是「得到」他心中想得到的。**

但是，社會是有法治的，就像公司有公司章程，家庭有家規，這些規則目的是維持秩序，是「好的干擾」。但是，持續叫囂的民眾就是「不好的干擾」。好的干擾可以為族群帶來正面效應；而不好的干擾只會讓失去秩序規矩，成事不足，敗事有餘。

雖然當天我特別把其他工作排開，去該辦事處處理事務。但是當辦事處營業時間結束，不再受理時，當下我就必須立即「重組內在」的感受，告訴自己，如果真的沒有辦法在當日成功辦理文件，那就改日再來。因為我知道任何的經歷中都有可學習的部分，我學到以後到機關辦事最好提早到達，才有更寬裕的時間完成辦理。

就在停止受理的前一刻，該辦事處的工作人員讓兩名警衛打開門，讓我與前面那一位男士進入辦事處，這時候，我內心一陣感動，因為我已經做好下次再來的打算。但是，當時辦事處人員願意加班三十分鐘，協助我完成文件申辦，雖然我感到有些抱歉，但是內心卻充滿感動。

我們對於干擾行為的感受，源自認為自身的權益被剝奪，期望與實際產生落差。但是「挑戰權力」只適合發生在個人權益嚴重受損。如果像在辦事處排隊時刻意滋事亂鬧的民眾，只因為事與願違就以負面干擾的行為擾亂秩序，嚴然漠視社會秩序與個人道義。

如何克服外界干擾

通常干擾者會做出干擾的行為，因為他只相信他的想法是對的，有時候干擾行為是精心佈局，有時候是隨機應變，有時候是因為見不得你好，有時候只是隨個人的心情起伏抒發憤世忌俗的情緒，除了會以言語和行動當場鬧事，常常也會以指桑罵槐的方式「打擊」

對方，曲解事實來達到他想要的目的。無論干擾著的內心是什麼出發點，**目的就是要讓外界對你產生「負面觀感」，並且希望藉由干擾你的言行讓你「失去鬥志」**。

說穿了，干擾者其實不知道如何「重組內在」意識到心中的憤恨，只能藉由攻擊別人的言行來抒發。而干擾者有時候是你認識的人，有時候是網路世界中完全不認識的人，**到底，該如何讓自己不被那些處心積慮干擾你的人影響呢？**其實訣竅就是是要持續拓寬你的道路。

想要干擾別人的人，內在有偏執的「凡事都想贏」的思想，卻未必有能力做到，只得藉由散播負面消息，打擊別人，破壞現況來證明自己。這個時候，千萬不要隨著干擾者的行為起舞，反而要讓干擾者知道，他的干擾方式是對你無法起到任何作用。

26 避免生氣
思維不雜亂，避免生氣模式進入倦怠

克服倦怠法＋困難突破法

想要引起你生氣的人，常常是因為「欲求不滿」，因此就把怒氣像狂風吹灰塵一般，讓你滿身土灰。但是聰明的你，如果能夠做到輕輕的把灰塵彈開，就不會被對方的言行所影響。

人不能夠與一個失去理智的人談「理」，這就如同你遇到一隻失控的獅子，你需要的是「躲」，而不是展現馴獅的能力。面對情緒失控者，你一定要避免生氣，因為對方的不可理喻，會佔據很多你的清淨心靈空間。

生氣關乎於「生氣事件類別」、「生氣發生頻率」、「生氣當下反應」。每個人對於生氣的觸發點不同，每個人對於生氣的界線位置也不一樣，這也就間接影響一個人對於事件的看法，因為如果你「不在乎」，你就不會生氣。

——彭孟嫺

人會生氣，主要是因為看到的「事實與預期不同」，因此遇到主動攻擊你的人，會生氣。遇到不可理喻的人，也會生氣。

會主動攻擊別人的人常常是因為內心欲求不滿，藉由看到別人生氣，讓他的憤世忌俗轉為快樂。有控制慾的人對於結果超出他想控制狀態，就會生氣。無論是「愛的欲求」、「權力欲求」還是「利益欲求」，當對方欲求不滿時，就會把怒氣指向你。

有時候，我們會因為對方無理取鬧感到生氣，而你的生氣是被對方「點燃」怒火，而不是你主動要燃起生氣火苗，其實你已經落入「生氣的泥濘」。

生氣讓人感到烏煙瘴氣，也會讓人覺得全身穢氣。**因此，對付把怒氣指向你的人，最好的反擊方法就是「不要生氣」**。

想要引起別人生氣的人，動機是出於欲求不滿，就把怒氣像狂風掀塵土般地，讓你灰頭土臉。但是，聰明的你，能夠做到不要因狂風襲來，就讓灰塵遍布全身。這時候，可以用「躲」的方式避開對方怒氣，訣竅就是「根本不要理會」。

試想當遇到一頭失控的獅子，要保命時，你需要的是躲，而不是展現馴獅的能力。

無論是什麼原因讓人生氣，憤怒會讓人產生怒火是從心中冒起，頓時會讓理智線失去作用。就算，表面上，能夠做到刻意地以理智來壓抑心中怒火，隱藏生氣的情緒，但是當下仍然可以感覺到自己胸口心跳加速，呼吸急促，甚至會滿臉腫脹。

用理智來壓制怒氣，有時候比不生氣還糟。但是，能夠用理智來壓制怒氣，仍然比因為生氣讓怒氣爆發好，因為生氣當下的言語常常具有毀滅性，會口不擇言，甚至憤怒情緒沒有控管得當，還會出現肢體暴力。

眾人皆知生氣傷身且傷神，只是知易行難，工作與生活中，無論是主動生氣，還是被動生氣，生氣的情境經常出現。無論是受到哪些事情的觸發，導致生氣，往往都是因為牴觸到個人內在的「底線」。只是，我們無法控制別人的行為，只能管理自己的反應，對於觸發底線的人事物，要試圖學習讓自己「不要太在乎」。

生氣的「類別」、「頻率」、「反應」

生氣會有「生氣事件類別」、「生氣發生頻率」、「生氣反應」等差別。

生氣事件「類別」與在意的事情有關，因為A在意的事情與B在意的事情可能不同，所以會讓A生氣的事件，對於而言B只是小題大作。

回想一下過往讓你生氣的原因，是因為工作棘手？還是因為愛情出現變化？或是因為配偶固執？還是上一代言論觸及了你的底線？此外，陌生人的言行也可能觸發你的憤怒，例如，在商場中售貨員的態度不好，或是網路上不認識的人對你指桑罵槐。無論是哪種讓你生氣的人事物，都是因為和你「預期的結果不同」導致你感覺生氣。

生氣發生的「頻率」通常與當下的情緒好壞有關，當你的心情大好時，面對在過往可能會引發大怒的事情，可能會因為心情好，不會感到生意。相反地，如果你遇到倒霉的事情，或是覺得疲憊，甚至身體不適時，很可能一點點小事情，就會觸碰憤怒開關而爆跳如雷。這樣的原因仍是與人事物挑戰了你心中的準則有關。

生氣的「反應」與你對特定人事物的重要與否有關。在工作中，如果上司對下屬出現生氣的言行，下屬多半會選擇忍耐，因為深知對上司的言行表現生氣，可能會造成工作不保，當然，也有少數人會負氣選擇當面回應或是離職表示抗議。

在愛情或婚姻中的生氣反應，也是取決對方在你心中的重要程度有所區別。如果一個人非常愛對方，而且知道對方有隨時可以離開的能力，通常比較不會展露對方的言行的怒氣。不過，人的忍耐畢竟有限度，尤其到了忍無可忍的時候，往往不會顧及是否愛對方，而選擇生氣或是結束兩人的關係。

有時候，人會厭惡某些類似過往認識的討厭者。也會遇到一些無緣無故就討厭自己的人，意味著你莫名其妙對一個人生氣，有可能那個人身上有你過往所討厭的人的特質，甚至那個人很像曾經欺負過你的人。這也就是有些人在成年之後，遇到與童年霸凌他的人有類似特質的人，就會產生忿恨的行為。也有一些人在成年後，遇到與過往成長所羨慕的人，就會對於類似的人產生忌妒。因為怒氣的觸發，心中產生更多的不平靜。

避免讓生氣落入對關係的倦怠感

人的思維通常都有自己的準則。就像本文開頭所提到：A認為生氣的事件，B可能認為是小題大作。到底是A對還是B對？倒底是A錯還是B錯？答案是：並非A對A錯，或是B對B錯，根本就沒有對錯可言。

人的「容忍度」因人而異，這和人的思維中對事情看法不同有關。每個人所具備的「價值觀」都不相同，因此同樣的事件會在不同的人身上，產生不同的情緒反應。同樣的事情，如果你看待對方感覺印象好，那麼對方做的事情就會讓你有更多的包容度，比較不會觸發生氣。相反地，如果你看對方不順眼，就很難包容對方任何的小疏忽，很容易為為了小事情和對方生氣。

人的好惡與先天個性有關，也和後天價值觀有關，有部分也和小時候的「缺失」或「擁有」有關。童年所經歷的一切都會影響人的個性發展，也會造成人在生氣的表現不同。家庭成員是否給予關愛，求學過程中是否在學校得到師長的重視，同儕之間是否得到朋友釋出的友善等等，這些經年累月的「情感因子」都會影響一個人的性格，影響成年後的人際相處，也埋下對於憤怒的觸發點，形成對生氣的反應。

要讓自己不要落入生氣的漩渦，就不要讓過往的一切捲入現在的你。除此之外，要「躲」開讓你生氣的人，練習讓自己減少生氣。躲開愛生氣的人並不是意味著你害怕對方，而是因為你不需要讓那些烏煙瘴氣的人事物，把你心中的淨土蒙上灰塵。

只要定期清除思維中的垃圾，就可以減少生氣。因為當你能夠在「不在乎」外在的故意干擾，也「不在意」故意要惹你生氣的人做出的言行，就不會讓自己的思維雜亂，就可以避免因生氣而落入情緒倦怠。

27

阻止衝動

克服倦怠，遠離你的衝動開關

克服倦怠法十困難突破法

社會上多數人都能夠有「自控能力」。人必須把心中衝動巨浪幅度縮小，如果讓衝動的浪潮過度高捲，就會造成沒有必要的傷害。

當事情事與願違的時候，需要做到用柔和的行為「取代」衝動的言行。因為衝動猶如脫韁野馬，如果沒有嚴加注意，就會讓衝動傷及他人。

要知道，我們的這一生真正需要取悅的只有一個人，那就是「自己」。因此外界對你冷嘲熱諷，你又何必在意。千萬不要活在別人的期望裡，也不要活在別人的眼光中，那會讓你失去「辨別是非」與「情緒調節」。

——彭孟嫻

衝動就像脫韁野馬，在衝動出現的過程，會造成嚴重的破壞，那樣的破壞不只傷及別人，也會傷及衝動者，有時候甚至會傷及無辜。

人是矛盾的，有時害怕改變，卻又不喜歡一成不變。這樣的矛盾，就會讓內心產生掙扎與分歧。如果沒有好好管理內心的掙扎與分歧，恐會如同脫韁野馬，闖出禍災。

人都有「自控」的能力，只不過取決於願不願意管理內在衝動。不可否認，這個社會中有一部分的人因為先天精神疾病而無法做到自控能力，但是大多數的人都可以管理自己的情緒。因為管理個人衝動，最重要的是要先管理自己的思維。

思維會影響情緒，很多人之所以在工作或生活中產生倦怠，往往是因為情緒負荷太重，情緒負荷與當下所遇到的人事物有關，就算無法改變所遇到的情境。依然可以選擇把你的思緒「關閉」，讓你的感覺得到「休息」，及時讓衝動的感受得到平靜。

人面對外在的不如意，如果沒有疏導內在感受，很容易讓理智線崩潰，進而產生衝動的言行。當事情事與願違的時候，如果能夠用「理性思維」管理衝動，是最好的方式。但是，當你無法做到時，讓「感性思維」管理衝動，則是「次好」的方法。

換言之，無論是理性思維還是感性思維，都是為了讓個人不要處於衝動的浪尖，如果沒有把心中衝動巨浪的幅度縮小，當衝動浪潮過度高捲，恐怕會造成沒有必要的傷害。要能阻止衝動的情緒，**平時就要練習「辨別是非」與「情緒調節」**。

如果你容易因為事情的結果與個人預測不同，大發脾氣而出現衝動的言行，那就是因為停時沒有做好「價值觀」的修正，容易產生「辨別是非」的偏差。而情緒調節也是重要的一環，當事與願違，一般人會逆來順受地面對。如果是一個凡事都要掌控的人，會因為事情超乎已安排的情況，而勃然大怒，那就是平時沒有練習調節「情緒開關」的輕重。

衝動開關的源頭就是生氣

衝動雖然與先天的生理因素以及遺傳基因有關，其實衝動可以疏導管理。

當你在生活與工作中，遇到不合理的待遇，或者遇到不可理喻的攻擊，以及不認識者的網路惡意言行散播，肯定會生氣。如果生氣沒有控管，就會讓衝動的感覺，沒有經過頭腦思考，就做出讓自己後悔的事情。就像許多社會事件中的誤傷或誤殺，都是因為讓衝動，猶如脫韁野馬一般，而釀出悲劇。

青少年闖禍，常常是因為覺得家中沒有得到重視，在學校又沒有得到師長或同儕關注，遇到不如意的情況，就以衝動行為表達個人的不滿，最後演變成闖禍行徑，要避免這類情形，就要從疏導衝動行為開始。

衝動情緒用強力控制一點都沒有用，衝動情緒需要用耐心調教。學生會有衝動的情緒，是因為在家庭與學校沒有得到足夠的關愛，造成學生自尊心過強與自信心低落。因此要讓學生有合宜的情緒展現，可以從培養能力著手，當能力變強，得到肯定與認同時，自尊心自然提高，就不會因為外在小事造成的不如意而變得言行衝動。

衝動的源頭其實是「想控制」與「不自信」，只要讓自信取代不自信，並且認知到不是所有的事情都能順著個人的意願，就能慢慢減少「想控制」的行為。如何讓自信取代不自信，不需要有優越的成績，而是要有「一技之長」與「興趣愛好」，慢慢地自信就會在產快樂的感覺中產生。

衝動管理的「不同面向」

如果我們無法讓自己的理性思維運作，或是無法讓感性思維關閉，就會讓衝動火苗無法制止的持續蔓延。

世界上有太多善良的人莫名其妙地落如外界的攻擊，以至於失去個人價值。導致原本是「受害者」的人，竟然就因為積累太多內心憤恨，**反而成為「加害者」**。這樣的狀況，往往顛覆大眾對於衝動者的定義，大多數的人認為衝動者就是惡言惡行的人，**但是有時候衝動是因為「被害者」經年累月的「忍無可忍」，導致行為猶如脫韁馬匹的「加害者」，造成沿路的肆虐。**

這也就是為什麼有些在職場上「被霸凌的人」，經過長時間的壓抑，到了忍無可忍的地步，竟然變成「霸凌者」，做出傷人的失控行為，甚至出現殺人事件。

上述受害者變成加害者的情況，是因為受害者在受害當時，沒有及時照顧個人情緒而受傷。**因為所有的情緒如果放任不管，是不可能自然而然地復原。**唯有在事發當下，知道要避開傷害你的人，並且能夠自己試圖讓自己受傷的情緒復原，才能避免情緒積累變成憤恨衝動。如果當事人無法做到，就要在事發之後尋找可以協助自身的人。

人會落入衝動，造成情緒失控，就容易在失控行為造成嚴重傷害別人的後果之後，感到自責，最後就會在情緒上與精神上演變成慢性倦怠。很多犯錯傷人的人，事後活在深深的自責。但是也有很多犯錯傷人者，在事後完全無動於衷。這就是因為不同特質的人，會有不同的行為。

每個人都握有掌握「衝動按鈕」的開關，隨時可以在情緒衝動的時候，以靜默來關閉生氣的感受，深呼吸是非常有效的方式。如果你是一個有擔當的人，絕對不想讓你自己落入衝動的負面行徑，甚至**就像地雷爆炸般的可怕，有時候甚至會炸傷毫無關聯的人**。

對於心理受傷，不可以等到忍無可忍的地步。一定要在生氣開端就開始處理生氣的情緒，這樣才不會讓生氣的情緒演變成衝動的言行。要讓自己避免外界過度壓榨，出現生氣衝動的感受，就需要好好保護你的心，要讓被傷害的心隨時可以修復，就要在生活中隨時安置「和悅的心」，不要讓自己的情緒隨著外在的狂風暴雨晃動。

對於不公平的人事物，不需要生氣，讓自己在日常生活中，有固定的時間沈思，把被外界的傷害從心中刪除。就像照料花草時，需要把被害蟲咬傷所造成的枯葉剪去，要清除病蟲的蔓延。讓你的心能夠處在靜心與淨心的和悅心境，避免「外界干擾」與「個人衝動」，就不會讓你的生活在遇到困難時落入內心倦怠。

28 行動分階

在行動過程中，調節正能量與負能量

克服倦怠法＋困難突破法

人的生活本來就有「正能量」與「負能量」，這兩者有一個共通處就是「能量」。這也意味，無論正能量或者負能量都是可以帶給我們能量。

但是，這兩種能量相差巨大。部分人會用「負能量」來推動前進動力，但是負能量的動能，會產生憤世忌俗效應，這就如同燃煤可有暖氣，但是也會烏煙瘴氣。

任何能量的運作，重點不能傷及別人。生活中「正能量」通常都優於「負能量」，因為正能量可以讓人遠離憤世忌俗。但是在行動過程中，正能量也需要有「暫時停止」的休息時間，這就如同陽光雖然可以提供人「正能量」，但是如果長時間處於高溫下，也會讓個人灼傷。但是，生活中隨時要有「適量」的正能量，才能使行動進階的過程持續熱度。

——彭孟嫻

人的生活本來就有「正能量」與「負能量」，兩者的共通處就是「能量」這兩個字。這也意味，無論正能量或負能量都能帶來能量，只不過「正能量」的運行，可以多淨心，「負能量」的運行，容易生恨心。

不可否認，正能量與負能量都會在心中成為推動力，只是這兩種能量相距甚遠。負能量雖然會讓人產生奮發向上的動力，但是同時包裹著「憤恨」的心，隨時都在思考報復。奇怪的是，很多具有報仇心的人，要報復的對象根本互不認識。

更準確地說，有些人會攻擊不認識的人，只是被攻擊的人有他想要的特質，或是攻擊者天性憤世忌俗，誤以為「行動力」就是需要以競爭的方式來呈現，殊不知對方根本就沒有與其競爭的想法。

藉由「負能量」推動自己行動力的人，對於「行動分階」的概念不清楚。而真正具有「正能量」的人，在行動中則會確定自己的「熱愛動機」，包括了生活理想與自我實現。正能量動機純粹就是為自己、為社會、為了讓所做的事情有精神傳遞。

相反的，具有負能量的人因為生活中不順遂經歷，誤將負能量當成養分，想要藉由攻擊別人，選擇假想敵，來推動個人前進，原因就是負能量的人想要複製之前以憤恨當成動力的「成功複製」，一但生活出現不順遂，就會讓怨念與憤恨加深，不斷地設定不同人作為攻擊的對象，這種變本加厲的方式，如果對方根本不把他當成一回事，只會讓具有負能量的人感到生活倦怠。

這樣「負能量成功複製」很常見，我不同的求學階段，就遇過有一些同學會把班上特定的人，當作心中的「假想敵」，試圖以「贏過那個人」作為推動個人的力量。事實上，以假想敵推動努力雖然不好，如果在言行舉止沒有表現出來還無可厚非，但是通常這類負能量者喜歡刻意在言行中透露對於班上假想敵的不滿，造成校園中的另類的隱形征戰，因為被迫成被當成假想敵的人，不可能讓自己被欺負。

在職場中亦然，很多人會在工作中選擇比自己優秀的同事當做假想敵，目的就是想要藉由「超越」假想敵，達到個人心中所認定的目標。殊不知那樣的目標，看似為個人推動工作進階，其實任何對他人產生破壞的行為，同樣地會產生不好的影響，只是具有假想敵的負能量者心中感受不到。

正確「行動分階」所產生的達標

其實，真正適合自己的目標進階，是具有正面能量。因為如果在學習或工作以負能量攻擊別人，那就等於讓眼界變窄。在人生中不只心要寬，眼界也要寬。因為人生中還有許多更優秀的人，根本難以全然比較。

人在世界上，有不同的工作機緣，讓人可以隨著自己的「內在特質」由內往外發展自己。生活中的行動進階，不需要以打擊別人為動力，而是要以真正認識自己，以及真正瞭解人生目標的「行動分階」，就能夠讓人不需要以打擊別人作為錯誤動力。

對於目標前進的正確「行動分階」過程：

1. 目標設立的「適合度」：要知道，任何的「目標」都「不需要」符合世俗的看法，只要符合你自己內在「熱愛」的想法，以及適合你個人「能力」的做法。因為每一種工作與使命感，對於不相干的人來說，都會感到毫無重要。但是這並不意味著你所設立的適合目標，有任何錯誤。

試想看看，你是否曾經也有質疑過別人目標設立，但是卻在多年之後，看到過往你所認為毫無用途的目標，別人做的風聲水起。那就是因為對方的目標不是你心中的熱愛。相對的，你心中的熱愛，如果沒有得到周遭人的支持，那並不意味著你的目標方向不正確，只要你選擇的項目，你有符合的能力與熱愛，那樣你什麼事都可達成。

2. 目標執行的「正確度」：任何的目標，都有「正能量推動」以及「負能量推動」兩個方式。這就像是在職場中，可以是正能量的自己穩紮穩打，也可以是負能量的旁門走道。

這當中「正確選擇」相當重要，因為以旁門走道負面方式達標之後，負面後果有時候是在多年之後才看到。在學生時代以旁門走道的作弊，在工作場合以特意吸睛或者言行攻擊，都會讓目標執行的負能量在多年之後出現負面效應。這也就是西諺有云：「**凡事都會有後果，遲與早的區別**」（Everything has a consequence, sooner or later）。

3. 目標跌倒的「戰鬥力」：通常，人都會認為跌倒就是因為人的努力不夠，或是不小心。但是職場與生活中，很多時候跌倒是因為「外力」刻意把你推倒。就如同此文開頭我所提到，有些具有負能量者就會有假想敵觀念，想要刻意把人打倒。但是，在前往目標中，你必須要有戰鬥力，也就是不要害怕被攻擊。你可以在感覺正能量用盡的時候，暫時休息，但是你一定要在休息之後再度奮戰，這也就是戰鬥力的重點，因為戰鬥力不需要強力的爆發，只需要不斷持續。

4. 目標執行的「修正度」：在任何目標的設立之後，遇到瓶頸，就一定不要再用之前的方式。任何的工作與生活所遇到的阻礙，當中一定有需要檢討與突破的部分。

在修復的過程中，一定有許多讓自己內在不能適應的部分，因為修正自己的錯誤，有時候會感覺那就等於更改自己原有的慣性，但是，如果沒有在執行的過程中不願意把自己過往錯誤更改，那就會讓事情原地打轉，甚至每況愈下。

5. 目標執行的「延伸度」：任何目標達標後，那只是我們個人內在所設立的「小目標」達標，但是**目標必須具有延伸度**。這樣的延伸度並不是意味著我們需要在小目標達標後立即改為大目標，而是意味著我們需要讓達標的目標有之後的修為。

任何目標的延伸族群，可以是你身邊的人，也可以是與你理念相同的人。無論是你的家人、上司、同事、客戶、賣家、買家、讀者、聽眾，都可以因為你得到生活助益，那就是目標的延伸。因為家庭、職場、社會，就是一圈再一圈的關聯，如果你的目標達標，只是讓你一人受惠，那麼這樣的目標偏於侷限。但是，如果你能夠把你的目標延伸度拉寬，帶動更多的人，那麼就算是小目標也就具有延伸的意義。

行動分階，要讓負能量與正能量都有「歇息時刻」

通常正能量與負能量有想法的互相制約。也就是當我們有負能量的時候，如果能夠適時讓正能量進入，那就可以減少負能量在人的心中進入倦怠的過程。

其實，**正能量與負能量都是認識自己內在的機會**。人生需要有能量推行，因此無論是正能量或負能量都有各自的特點。但是，前提是任何的能量都「不能夠傷害別人」。

人生的目標就是「行動分階」的完成過程。這樣的完成必須包含「個人整合」與「個人修復」。**所有的思考，就是為了成就個人在這一生的修正自己，達到我們想要的人生，這樣的人生其實需要「調整」正能量與負能量的比重來進行。**

不可否認，一個具有正向思維的人，是比較具有「不傷害別人」之心。很多誤以為負能量思維可以讓人生進階的人，其實在生活中無時無刻都處於傷害別人的狀態，只不過具有負能量者會認為他的負能量思維是正確的。換言之，具有負能量思維的人，不會認為他自己的思維有任何負能量。

不可否認正能量與負能量都會在心中成為「推動力」，但是，這兩種能量相差巨大。部分人會用「負能量」來推動前進的動力，但是負能量的動能，會產生憤世忌俗效應，這就如同燃煤可有暖氣，但是也會烏煙瘴氣。

生活中「正能量」通常都優於「負能量」，因為正能量可以讓人遠離憤世忌俗。但是在行動過程中，正能量也需要有「暫時停止」的休息時間，這就如同陽光雖然可以提供「正能量」，因為如果長時間處於高溫下，也會讓個人灼傷。但是，生活中隨時要有適量的正能量，才能使行動進階的過程時時充滿適量熱度。

對於目標前行的「行動分階」，要避開憤世忌俗忌俗的人，因為當中的烏煙瘴氣，會燻黑一個人的善良能力。每個人在生活中都有自己需要承擔的責任，但是「近朱者赤，近墨者黑」是自古以來的不變道理，因此我們一定要讓自己的心中留一部分沒被負能量污染的淨土。

在目標行動分階的過程中，我們要不斷地調整自己，也要隨時檢視自己的能量狀態，這樣才不會落入情緒內耗，也才不會造成生活倦怠或者工作倦怠。人需要好好活出有價值的人生，並且確保在行動進階中不要公審別人，因為會公審別人的人，別人也會公審他。

人在前往目標的過程，一定會出現倦怠，這樣的倦怠沒有對錯之分。但是，任何的倦怠感出現，一定「事出必有因」。事實上倦怠的源頭只有你自己能夠知道。因此當倦怠感出現，一定要檢視個人能量比重，讓正能量多於負能量。要減少負能量，也要讓正能量能夠事實暫時休息，這樣才能突破目標執行「行動分階」過程當中的卡關部分。

避免倦怠就要先避免接觸帶刺之人

在目標行動分階中，最忌諱就是與帶刺的人接近。因為全身帶刺的人具有憤世忌俗的特質，任何事情都可能激起他的不滿。當你在生活中，如果有全身帶刺的人闖入你的生活，無論對方你認識或者不認識，你都會感覺倦怠。

其實，帶刺的人，就是要你感覺倦怠。因此對於這樣的情況，你更不能夠失去正能量。要克服帶刺者所給你帶來的倦怠的倦怠感，最簡單的克服方式就是「躲」！

躲！並不是意味著害怕對方，而是不想要讓那些全身帶刺的人影響你的生活，因為人的時間與精神都有限，當你把心力都放在那些帶刺的人身上，你就會減少時間經營你自己的人生。

雖然正能量是有正面力量，但是仍然不要高估正能量的能力。**面對全身帶刺的負能量之人，你是無法以正能量拔去他身上的刺**。因為全身帶刺的人全身都是負能量，那些負能量是他成長的養分。如果你是個具有正能量的正直之人，就不要往全身負能量的人靠近。

不要驚訝為什麼有人在生活的「行動分階」總是帶刺前進，原因就是那些帶刺的人在過往的經歷中完全是以打拼與鬥爭為主。這樣的情形不是你能夠以正能量的善良來改變對方。因此面對全身都是刺的人，「躲」是對你自己最好的保護傘。

其實當困難來臨，正能量還是比負能量正確，但是正能量也是不能長期進行，因為正能量雖有益，但是過度的正能量也會讓人感到陷入疲憊。因為，沒有休憩的正能量，會吞噬一個人的生活。

不要忘記：**沒有歇息的「正能量」，會讓人感到生活沒有喊停的權利。沒有停止的「負能量」會讓人處於內心沒有靜止的狀態。**其實，生活中有休憩是很重要的，無論是正能量或負能量都需要休憩，因為任何的行動進階，都需要適時「按下暫停」才能讓人意識到個人內在思考需要修正的部分，這樣就能在前往目標的「行動分階」中遇到阻礙也不倦怠。

29

暫時喊停
喊停可以激活自己成為想要的自己

克服倦怠法＋困難突破法

任何的事物都會有「鏈狀效應」，當一件事情受到牽制，就會有「牽一髮而動全身」的危險。當倦怠出現，會讓生活中許多人事物連帶受到影響。

所以人需要在還沒有感到倦怠之前，就在心中安置「休息的心」來緩解自己的思想與行為。生活的「自我暫停」可以避免將生活壓的太緊，以致於產生負面連環鍊狀效應。

「暫停」是生活倦怠最好的解決方式，因為暫停可以讓人暫時抽離難纏的人事物，讓個人的身體可以釋放壓力，也可以讓個人的精神可以達到舒壓。當人處於在喊停的休息狀態，就可以讓人在思想與行動有新的激活。

——彭孟嫻

工作與生活中的「暫停」可以分為「被迫暫停」與「自願暫停」。

相信多數人對於工作或生活 正在進行的事情，忽然被迫停止，都會感覺錯愕。例如職場中的裁員事件。生活中的突發狀況。這些外在因素，會把你本來計畫的事情忽然打亂，讓原本有條不紊的生活頓時失序。

這當中的觸發因子，有可能是工作場合的人員、有可能是父母、交往對象、配偶、孩子、朋友等，都會讓原有的計畫，忽然增加許多需要處理的事情。尤其，這些事情如果又是與你本來期望的進展產生差距，就會讓你的心感覺壓力增加。

人會感覺壓力，常常是因為「生活失序」，這樣的外在紊亂，直接影響到人的內在感受，讓人對生活感覺煩躁的紊亂感。當一個人內在感覺如同久未整理的花園當中雜草紊亂，就會在內心產生一種什麼都不想管的狀態。這種不想管事的狀態並不是暫時休息，而是外在干擾造成內在動力減少，形成不想繼續當下工作的狀態，甚至會出現很想逃離當下生活的感覺。

其實人需要在還沒有進入倦怠之前，就在心中安置「休息的心」來緩解自己的思想與行為，讓自己在工作與生活中的疲於奔命，能夠得到一些休憩。因此現代人對於「效率」

一定要有新的認識。要知道，**並不是不斷加班就能帶來工作效率，也不是讓生活行事曆一件事情緊接另一件事情，就意味著高效時間安排。**

在人生前進的過程，必須顛覆「過度工作」的流程，因為人需要休息，才能讓思想運作清晰。如果你感覺你的工作與生活被壓縮過度，你放下手邊的工作，讓自己可以做一些你喜歡的事情，就算只是坐著讓大腦處於放空的狀態，也可以藉由讓身體與大腦的休息，來讓你的思緒有新的活水注意，因為「停」才能讓思想重建。

生活過度加班，不只會讓人有猝死的風險，更會讓人產生對生活的厭倦。生活中的枯枝爛葉需要修剪，唯有去蕪存菁的生活，才能讓人生淨心。生活不需要隨著社會的洪流行走，人需要「重組紛擾的心」，才能讓「生活整合」，活出激活的人生。

我在法院工作的時候，認識其中一位上司，她告訴我她年輕時在大型會計事務所當會計人員，可是工作兩年就被裁員，當時她感覺非常難過，因為她在那兩年期間除了工作，也很努力準備會計師資格考，想不到竟然就被裁員。

當時公司按造政府規定的資遣費給付，她告訴自己，既然裁員的事實已經發生，那就用資遣費接著深造，之後她就申請學校，埋首苦讀完成學業後在法院工作。她告訴我，回首過去，她感覺人生最好的禮物就是當時被裁員後，能夠再度回到學校轉換專業跑道。她強調，如果當時被裁員，她不會有動力繼續深造，更不會往法律的方向走。

相反的，我也知道一些案例，被裁員的一方懷憂喪志，對於工作與生活都無法積極投入，每日在生活中抱怨。最後連女朋友都離開他，而且連生活都需要靠父母資助。這就是因為過度在意裁員的事實。其實裁員在這個社會是很正常的現象，因為公司或工廠會因為營運或景氣影響而被迫整頓內部，這些原因有時候與員工無關。況且任何地方都有工作的機會。

由此我們可以清楚發現：「想法改變做法」。同樣是裁員，不同的人有不同的處理方法，也就會有不同的結果。這兩個例子都是暫時喊停的「被迫暫停」，也就是離職並非個人的意願，而是因為外在阻力的裁員因素，造成被迫需要離開原來工作軌跡。但是，其中一方知道如何把裁員當成一種新的人生，讓他在「生活整合」當中有進階。可以另一個人卻是讓升裁員事件，造成生活成員的負擔，不只讓他的生活封避，也讓他家人的生活陷於膠著。

暫時喊停，可以激活你的人生

除了上述暫時喊停當中的被迫暫停，還有另一種現象就是暫時喊停當中的「自願暫停」。

有些人在職場或生活的某個階段，會忽然意識到工作階段想「自願暫停」。這樣的情況通常是內心深處的呼喚。這樣的現象很多發生在中年之後的男女。有的女性在生兒育女階段會暫時辭去工作，想要有更多的時間陪孩子成長。之後到了中年階段，就再度返回職場追求自己的自我實現。有的中年男女，在長年工作累積一定的經濟能力之後，想要趁自己還有經歷的時候能夠轉換工作跑道，做一些屬於自己夢想但是卻沒有機會實踐的事情。

其實，生活的喊停，是一種內在的喚醒！

無論暫停的因素是為了預防倦怠，還是為了讓自己出自己想要的生活，都是意味著你已經有聆聽你個人「內在聲音」。因為一個人在生活中的「階段」有檢視自己內在的感受，就會意識到自己內心真正的需求。那樣的需求不是因為別人所擁有的事物與經歷，而是你的內在會讓你知道你的熱愛與能力應該在哪一個項目有專注點。

其實，**人生中的任何的事物都會有「鏈狀效應」，當一件事情受到牽制，就會有動一線而牽動全局的危險**。因此「暫停」是遇到瓶頸最好的解決方式，因為暫停可以讓人暫時抽離難纏的人事物，讓個人的身體可以放鬆，也可以讓個人的精神可以釋放壓力。當人處於在喊停的休息狀態，人就可以在思想上與行動上有「新」的調整。

我個人曾經因為過度工作，感覺效率反而減低。尤其過度工作造成睡眠減少，讓精神處於疲憊。之後更會出現鍊狀效應，讓疲憊的狀態，需要以暴飲暴食，或者完全不進食來做代償。因此就更會感覺身體不適，甚至會感到情緒煩躁，有時候連坐下來看幾分鐘電視也會感覺內疚，這樣的情形嚷我意識到需要立即「停下工作」，讓自己可以抽離工作狀態，以進行身體與精神的修復。

其實，最好的方式，就是在個人還沒有進入倦怠感階段之前，就知道要在生活中找時間休息，**要讓暫停變成一種習慣**。因為生活中的暫停，並不是代表停止前進。而是生活中的暫停，可以讓大腦與身體休息，因為人真的不需要隨時隨地都不斷地工作。當你在休息之後感到內心愉悅，你再度返回工作，就會感到事半功倍。

暫停效應

或許有人會感到困惑，暫停就是代表沒有前進，怎麼能夠「激活」停滯？

其實，暫停階段要能夠讓生活有激活的感受，最好的方式就是把「休閒」置入你的平日生活。

關於生活，現代人應該要有把「休閒列入生活安排」的意識。**休閒應該是目標流程安排中的一環**。我所任職過的加拿大德商醫療研發公司，在公司午間有健身房以及午間瑜珈課。因為公司高層認為休閒可以讓員工產生更好的工作效率。如果員工不想在午間運動，公司也有物美價廉的員工餐廳，讓職員們能夠藉由員工交流與美食來達到放鬆，很多時候工作中難解的問題，都在運動或者美食之後得到解決，主要就是人的腦中有暫停的休憩，讓新的思考可以進入人的思維。

人的「放空」，主要在於不要在頭腦隨時隨地處於工作狀態。因為過度工作與過度思考，會造成投入過度所產生的疲倦。那樣的疲憊常常是久坐後的腰痠背痛，也可能是久站之後的腳麻背彎。其實，任何的生活的「正事」與「瑣事」需要有足夠的「時間間隔」，才能讓每一件事有不疾不徐的進度。

有的人會誤以為壓縮時間，讓工作緊密排在一起，是生活高效的運作，其實，人的承受程度有限，多年之後的行程壓迫，身體就會以疾病來產生抗議，許多慢性病，血壓高、胃酸倒流、自律神經失調就是在高壓工作當中形成。

很多人喜歡用「做了多少事」來衡量生活的效率。其實，生活中做了多少事並不是最重要，因為如果所做的事情，都沒有符合想要的自己，那麼就算每日做了很多事，有時候只會造成你的「心累」。

生活本來就不太容易，太多的責任與太多的雜事，已經讓很多人感覺壓力，如果這個時候你沒有適度刪除一些不必要的事情，就會讓你的生活只有一個「累」字可言。

生活必須看到進展，因為看不到前進路段的可能，就會讓人感到·不快樂，也會讓人感到意志消沈，尤其在沒有任何進展的瞎忙階段，更會讓人倍感倦怠。其實，**倦怠感是可以改寫，任何沒有活出自己的意願，你都可以顛覆人生現狀，改變生活軌跡的模式。**

改變需要過程。多數人害怕「轉變」。因為「變」是一個無法預知結果的過程。

可是改變心中的倦怠，並不是頻換工作，或者頻換居住地點，**改變必須要從「心」開**

始，在原地就能做出改變。當生活出現倦怠，如果不改變生活，你就會被你的失望綁架。也就是說，倦怠感的出現，會讓你感覺每一天都是虛渡，尤其人在檢視自己生活過程，就更容易因侷限而感到焦慮。

所以，當你感覺目前的工作與生活已經讓你感到毫無生趣，那就一定要「暫時喊停」，因為壓的太緊的彈簧，也會出現彈性疲乏。很多過度加班的職場人，會因為工作過長的時間，讓生活感到毫無樂趣，因為隨時隨地都在工作的狀態，就會讓人落入情緒倦怠。

生活需要努力，不需要拼命。要能夠在生活「暫時喊停」，才能讓生活中有「命」可以持續堅持理想。生活需要有喘息的空間，才能激活自己活成你想要的自己，因為一代人有一代人的使命，這是人生長河的流程。

30 重塑倦怠

顛覆既定人生模式，活出零倦怠人生

克服倦怠法＋困難突破法

倦怠感是可以「改寫」，任何沒有活出自己的意願，你都可以改變人生現狀。生活的滿意度，不是做多少事，而是這些事是否符合「你想要成為的你」。

積極生活與放鬆暫停就是人生天秤的兩端，兩邊的力道衡量需要均衡，哪一邊多了，就會讓另一邊少了。生活不需要呼風喚雨，我們可以在平凡日子中，創造出屬於自己的不平凡。

人最大的盲點，就是希望自己在別人的眼中是很有價值。但是，你的價值的呈現並不是由外人的評斷決定。個人價值只要符合「活出意義」，就是最大的值得。你的人生意義由你自己決定，外界的人沒有資格界定。

——彭孟嫻

人生倦怠的原因有時候是因為「過度積極」，有時候是因為「過度內耗」。

做工作與生活中，「過度」都容易讓自己產生倦怠。任何人事物都要有界限，任何事都要適當適中即可，超過或不足都不適宜，這就是過猶不及。

就以「積極」這兩個字來說，積極在多數人的眼中具有正面意義，但是「過度積極」常常會在努力過度之後產生倦怠。目前的社會高度競爭，因此很多人認為必須隨時積極努力。因此當壓力壓所到一個層度，內心就會出現無法負荷的反彈。

其實，積極活出自己的生活，就要在生活中有「適度」與「適量」的努力，**因為適度的努力並不代表不努力，過度的努力也不代表一定會有高人一等**。這個社會需要有積極的正能量，但是正能量並不意味著生活只能積極，因為有「積極生活」的同時也必須有「放鬆暫停」。因為這**「積極生活」與「暫停休息」就是重組人生的天秤兩端，兩邊的力道衡量需要均衡，哪一邊多了，另一邊就少了。**

人的倦怠其實可以拆解成不同的模式。倦怠整合的過程要能夠克服自我痛苦、自我鬥爭、自我修復。人可以「重組人生」，人也可以顛覆既定的人生模式。要突破倦怠焦慮，「不是」只有「接受自己」」就可以克服倦怠。事實上，只有做到接受自己是無法克服倦怠，**因為倦怠的出現，其實意味著需要「改變」**。

換言之，要克服倦怠，就要試圖「改變」。改變意味著更改「暫時喊停」、「更改方式」，以及「更改思維」、「更改行動」、「更改愉悅感」，這也就是這本書『倦怠克服法』所強調。因為思想改變人的思考，思考會影響人的行為。因此面對倦怠所做出的思考與改變，就是你在人生中克服倦怠的重要法則。

重組人生，就要遠離別人的褒貶

生活的滿意度，不是做多少事，而是這些事是否能夠讓你的「生活前進」。因為人最大的弱點，就是希望自己在別人的眼光中是很有價值的。但是，價值的呈現在外，其實根本無關緊要。人生最重要的部分是如何讓你的生活不要落入倦怠，在穩紮穩打的生活中，活出你想要的生活。

在工作與生活前進中，要隨時把所以的順境與逆境當成「重組人生」。因此在整合自己的過程中，就不要在意外界對你的評論。當外界人士對你傳輸負能量，你不要耿耿於懷，就當那是對方負能量抒發。但是如果對方的負能量在每一天持續傳輸，那麼你就不要成為對方倒心中垃圾的「垃圾桶」。你需要做的就是只要專注在自己所做的事情，並且讓自己在過程中拒絕接近負能量的人。

工作與生活中有很多負能量的言語。原生家庭相處、男女朋友約會夫妻之間的相處，都會遇到成員對你負能量傳輸，如果你剛好是一位具有耐心聆聽的人，那麼對方就會變本加厲把抱怨當成理所當然。如果你想要你的人生活出沒有倦怠的模式，就必須要適時地說「不」！

不要接收負能量的言語，也不用相信過度虛華的讚美。因為你的存在，不需要外界的褒貶。也就是要避免倦怠，就不可以讓自己的眼耳習慣於別人的言語輸入。換言之，**你要做到，無論別人對你講好聽的話，或者講貶損的話，都不能影響你自己的價值**。因為別人把你講好，你也不會變得更好。別人把你講差，你也不會變得更差。因為你還是一樣的你。

如果一個人習慣把外界的聲音，無論是褒獎或貶低，都照單全收在個人的內心，那就會讓內在感受隨著別人的言語起伏，這樣也就很難建立自己對自己的肯定。

在生活中一定要遠離凡事有「比較」心態的人，因為那些人在生活中遇到挫折與不順利，就會處心積慮地想找「對手」來冷嘲熱諷，希望激起對手的反擊。那些具有比較心態的人會藉由文字或語音來影響你，把你當成對手，也會藉由煽動別人來干擾你。但是，如果你在平日已經練就不會被外界褒貶所影響，那麼那些外界干擾也就不會影響你的人生進階。

不要忘記，「**思想會影響行為，感受也會影響行為**」。因此你必須能夠控制你的感受，要在你的腦中設置無形的過濾網，來過濾外界雜質。這樣你就可以在你的心中感到平靜，也就不會讓自己落入倦怠的感受。因為你已經可以做到對外界干擾「**不在乎**」。

克服倦怠，顛覆既定的人生模式

人生可以重組。當你現在感覺生活遇到困境，其實你完全有能力「重組人生」。每個人其實都具有改變的能力。只要你想改變，你現在就能改變。因為改變不需要頻換工作，也不需要更換地點，當你想要重組人生，改變現況，你在「原地」就可以改變。

思想改變行為，只要你立即讓思維更新，顛覆舊有模式，你就可以在「當下」改變侷限，突破倦怠的人生。因為生活當下每一個小改變的步驟，就會積累成大的改變。

人生其實不一定要隨時有進展，但是人生一定不要落入「不快樂」。

很多人在生活中遇到逆境，就會落入情緒不快樂。其實，「逆境」並不需要與「不快樂」劃等號。

希望快樂是對的。但是「希望快樂」當中有一個盲點就是有些人會誤以為生活就應該沒有不快樂的情緒。換言之，有些人感到生活中有不快樂，就會誤以為那是生活中的不順遂。

其實，**生活並不一定要隨時快樂，但是生活一定不要讓自己落入不快樂**。

要讓自己的生活快樂，就要讓生活「從新排列」，刪除讓你不快樂的部分。

舉例而言，如果你在照顧家人的過程中，因為與家人容易磨擦，會讓你落入情緒壓力的倦怠感，產生一些不快樂。這時候你總不能棄家人於不顧。你可以試著安排屬於你的時間，做一些讓你快樂的事情，這樣就可以用「開心」來「取代」你不滿家人理所當然認為你需要付出，所造成你的「不快樂」。

這也就等於刪除「過多責任」當中的不快樂，因為在生活責任當中你仍保留「屬於你自己的快樂」。

如果你正在經歷倦怠，請不要憂慮，因為倦怠的初期，就是人生自我危機的「內省時間」。換言之，**如果你好好關注自己正在經歷的倦怠過程，並且用心注意自己內在的感受，那些倦怠感就是提醒你「修復長期倦怠」的好時機**。因為倦怠感就像是生病前的發燒症狀，是一種身心警訊。

人的焦慮產生，常常是因為感到無法掌握生活的「結果」。就像辛苦在個人果園中，種植一大片果樹，但是經年累月卻沒有看到果樹結果。那樣的希望落空，就會讓人感到「現實與理想」的差距，也會讓人因看不到前景而產生嚴重的倦怠感。

其實在工作與生活中要避免倦怠，就不要把眼下看到的部分當成結果。**因為如果你現在所看到的部分讓你自己感到失望，那就把現在看到的部分當成「過程」，不要當成「結果」**。因為結果的產生要順其自然，也就是只要你在工作與生活中已盡全力，剩下的部分就讓上天來運作。這樣的說法並不是消極，而是一種積極的正確想法。

因為很多人在腦中把「結果」加上「時間限定」，因此在自己設定的時間內看不到結果就誤以為沒有結果。殊不知你努力的結果，並不一定會按造你想要的時間，而是會在假以時日之後才讓你看到結果。換言之，你現在沒有在時間限定內看到結果，那是因為你在現在的時間過程屬於「重組人生」，而不是人生目標終點。

人最大的弱點，就是希望自己在別人的眼中是很有價值的。但是，價值的呈現並不是由外人的評斷決定。價值的重要是你需要活出你自己的期望。換言之，**你自己的價值由你自己界定。**

這個社會有很多外界認為成功的人，最後走上絕路，原因就是外界的成功，與他個人認定的人生價值有出入。因此我們要活出自己的快樂，就不要去在乎別人的目光。我們只要把自己的生活過好，不需要理會外界的評斷。因為別人對你的負面批評，其實就是對方自己的缺失。因此你千萬不要把別人的缺失轉嫁為你自己的倦怠感。

不要在乎別人對你的眼光，可惜大多數的人都難做到。其實要做到「不要在乎別人眼光」，你只需要「刪除」無關緊要的人事物。生活需要讓自己內在清空，這這並代表生活不能有期望，也不是要生活過得清心寡慾，而是要你在生活中杜絕干擾。**生活不需要能呼風喚雨，只要我們內心清淨，我們就可以在平凡小日子中創造出屬於自己的不平凡。**

後言

善用移步景觀特點，讓生活進階

在職場與生活中所有的行動與反應，都是以人的「想法」為起點。在遇到阻礙的迷茫中，還是要有開啟屬於自己理想的想法。雖然有年輕世代會覺得就算自己很努力，生活仍很難感到有任何進階。其實，**進階是需要時間的「過程」**，在這樣的過程中，可能會在職場遇到低薪，會在生活遇到阻礙，會在關係遇到束縛，這些瓶頸確實讓人感覺倦怠心累。

可是無論現況多難，路都還是有很多條。**你的「想法」與「觀念」會帶領你正確的抉擇**。這也就是這本書**《克服倦怠》要帶給你的三十種突破困難，心不累的生活進階法**。讓你遇到瓶頸時期能夠有讓心不累的解決方式。因為所有的問題，都不是只有一個解決的方法，只不過當中的方法，可能與你之前所預期的不同。生活中的困難，如果仔細發覺，就會知道生活中雖然暫時沒有出現你想要的「最好的」，但是仍然可以先屈就於「次好的」。因為最好與次好，重點都在「好」，而不是在「次」。

面對職場倦怠、生活倦怠、關係倦怠，你需要把個人心中的「內在風暴」找出當中屬於自己的平靜，並且在阻礙中看到轉彎的「新出口」。就像是古代的庭園設計總會出現「移步景觀」，也就是走在迴廊遇到轉彎時，會出現的不同路徑，讓人有不同方向選擇，可以讓人看到不同的風景，也可以在移步景觀的轉角處停下來「暫時休息」。就像是當你覺得倦怠，必須暫停休息。也如同生活的事與願違，可以在路徑的轉彎處，找到不同的視野與更多的新出口。

人在職場、生活、關係當中，所遇到的不順遂與瓶頸，**在當下看似阻礙，但是假以時日你回首過往，你就會發現過往當中很多的瓶頸，都是你能夠「克服倦怠」的「機會再造」時機。**但是，很多時候人容易把負面情緒加諸在所發生的不順遂事件，因此錯失觀察遇到阻礙的當下，其實在困境中仍然可以發覺很多「新出口」的選項。因此人常常會在多年之後，才意識到「想當初」如果能夠有不同的選擇，或許現在會更好。對於這樣的唏噓感受，每個人或多或少都有，但是過去已成過去，現在最重要的是你如何用新視角來讓你的生活視野移步。

克服倦怠，要活化庭院「移步景觀」的運用，把「移步」的概念，讓人在轉彎處可以探索到當中的不同的選擇，這就是這本書會帶領你的思維觀念，讓你在面對人生困難的時候，有方法克服，讓你在遇到瓶頸時，不會停滯不進，而是能夠生活進階。當你在行走的過程中，遇到十字路口般的方向選擇，**如果當下無法做出決定，那麼就讓你自己「移步」，換個角度來用不同的想法與不同的觀念，再次看看十字路口的瓶頸，你就會發現到比過往更好的選擇路徑。**

一切的困難都會成為過去的塵埃

其實，所有的瓶頸，當你覺得不是瓶頸，它就不再是瓶頸。因此覺得面臨人生倦怠，可以到古蹟走一趟，看看歷史悠久的古蹟文物，但是人事已非。想一想歷史上的世代交替，就會讓人感覺任何糾結的事情，都會隨著時間的長河消逝，所有的困難也都會成為過去的塵埃。

我喜歡走訪古蹟，臣服在幾千年歷史的遺跡中，意識到自己的渺小，就不會把自己遇到不順遂的人事物放大。我對於「金字塔」情有獨鍾，無論是馬雅文化的金字塔，還是阿茲特克文化的太陽金字塔與月亮金字塔，原因就是在造訪古蹟的過程中，以「腳步」感受時光隧道倒流，讓我深深地知道，在歷史的長河中，並不需要糾結在任何的阻礙。

當我攀登墨西哥太陽金字塔的過程中，看到滿地黃土，讓我從現代文明的柏油馬路，頓時思緒回溯到幾千年前的古文明生活。攀登太陽金字塔的過程中，我揣摩千年前阿茲特克人如何攀登太陽金字塔。雖然現在攀登太陽金字塔，有設置繩索在狹窄的轉彎處或上階處，但是，走上太陽金字塔的部分路段因為沒有可以抓住的扶把，仍然要雙手懸空攀爬，因此只能運用腳尖的力量，小心翼翼地走好。除此之外，在往上走的過程中，因為人潮太多，會有「推擠現象」的出現。這就像職場與生活中，會遇到外界的推擠。但是，想要前進就不能害怕被推擠，只要專注盯著自己的腳步，**不要把心思意念放在別人的「推擠動機」，就可以讓生活進階**。但是，你一定要隨時注意周遭推擠狀況，因為你必須保護你自己。

在攀登金字塔的過程，需要長時間的「等待」，因為很多人會爭先恐後地攀爬。當現場情況出現亂象，你需要「暫時迴避」，「等待片刻」後，再繼續前進，以防被爭先恐後的群眾推擠。就算有時候你根本沒有想要與人搶道，別人卻不斷推擠你，就要小心避開，不要讓你自己受傷。之後，也要盡快調整自己的思緒，不要讓外界影響你，不要把心力放在別人的負面行為，因為別人在處心積慮傷害你的過程中，就會失去看事情的客觀度，也就會讓傷害你的人自身沒有安全感。你只要好好地以毅力與耐力前行，一樣能夠登頂，並且在過程中享受更多的美好。

倦怠是警訊，也是改變的契機

要克服逆境，一定要找出「為什麼」，但是不要糾結在「為什麼」。有些逆境是上天大環境所造成，有的逆境卻是個人因素，所以尋找個人過往生活的軌跡，分析逆境出現的原因，才能訂定出解決方法。但是，千萬不要在內心糾結為什麼，因為所有的阻礙，只要找出原因，就是往前走的改變契機，認為對於過往人事物的糾結，都是會造成心累的心力耗竭。

很多人遇到困難無法突破，是因為一直關注假想敵（競爭者）。殊不知一個人所認定的競爭者，只是心中「怕輸的假設」。很多人害怕前進的路途後面有強者，就會在努力的過程中不敢休憩，也就容易讓自己遇到瓶頸的時候，會感覺猶如掐喉般的難以呼吸。其實，人活在這個世界，只要把自己的本分就好就可。因為世界上永遠都是長江後浪推前浪，沒有人有辦法永遠站在浪尖。

要解決問題，就必須讓個人沒有負能量。有些人習慣以「負能量」作為推動自己前進的動力。雖然負能量確實能夠在「內心助燃」，會在心裡產生許多烏煙瘴氣，只是以負能量推動內心動力助燃的人，因為所有的烏煙瘴氣已經讓視線無法清晰，並不會知道負能量的不好。人生在世，需要有「正能量」的思維與觀念，因為生活的淨心，需要有正向能量。雖然具有正能量者也會遇到不順遂，但是，擁有正能量者不會在心中「置入假想敵」，只會在心中設置防護網讓自己不被仇敵侵犯。

克服倦怠，就要在生活中接近具有正能量的人。如果總是接近負能量思維的人，久而久之你的思想也會呈現負能量的憤世忌俗，讓你的生活隱藏負面觀點，一但遇到人生阻礙時，產生大量的情緒垃圾，因此當生活出現困難的時候，那些負能量的心魔就會頓時出現，也就會讓人的心思意念呈現阻礙。

其實，**倦怠是「警訊」！倦怠也是改變的契機！**

倦怠的警訊，就是要你注意心力交瘁的緣由，因為「事出必有因」，**感到意志消沈、患得患失、躊躇不進，都是需要改變的警訊。**改變會往「變好」與「變壞」兩個面向拉鋸。因此要讓人生變好，就要在平日有正能量的吸收，這樣當事與願違的人事物產生，你就能夠迅速的讓負面干擾從思緒清除，並且可以在困難阻礙中，猶如行走在迴廊庭院中，隨時「移步」迎接不同轉彎點的景緻。

人只活一次，不要糾結在無關緊要的部分。要知道什麼是人生需要堅持的事情，什麼是人生不需要堅持的部分。

人生不需要外界對我們「計分」，我們其實也不需要替自己計分。只要我們知道個人的人生追求，就不需要在意外界的眼光。因為人生並沒有一定的標準，因此只需要符合你自己的人生追求，就去做。**如果人生真要計分，那樣的計分資格，也只有你有資格給自己。**這個世界沒有任何人有資格對你的計分，也沒有任何人有資格論斷你，只要你不理會外在的負面聲音，也就不會被魔音傳腦的負面效應影響。

突破困難心魔

人的一生中，只要在過程中盡力而為，就不要太在乎結果。這樣的「不在乎」並不是意味不努力，而是盡了最大的努力之後，不會糾結在最後的結果。當你很努力，如果沒有看到你想要的結果，千萬不要心生難過，因為當中還有很多的可能路徑。千萬不要自我放棄，放棄是心魔左右你，而不是你的能力不夠。所以困難的難解，常常是因為「困難心魔」左右自己的思想，讓倦怠感如同枯萎的花朵。

但是，**如果你知道如何「克服倦怠」運用內在感知，就可以讓自己的內心戰勝職場倦怠、突破生活倦怠、逆轉關係倦怠**。所有的倦怠都是源自於枯竭的內心，只要知道突破倦怠的觀念，就可以讓枯竭的內心長出新芽。很多時候生活瓶頸看似山窮水盡，但是如果你知道如何克服，就會有煥然一新的局面。

當你感覺倦怠，其實可以有立即改變的能力。**這本書《克服倦怠》30種突破困難，心不累的生活進階法，可以在人生中遇到困難，產生「沮喪感」、「失落感」、「無力感」、「失權感」以及「落魄感」的時候，陪伴你走過困難**。因為社會上的功利主義，讓「成功」

的定義侷限在世俗的金錢、地位、權力。因此，要克服倦怠，就要讓自己推翻世俗對於成功的定義，讓人生軌跡依照自己的速度前進。當你不會在意外在的眼光，並且掙脫了世俗對於「成功」帶給人的錯誤睏綁，你就不會再感到倦怠，因為你會清楚的知道，你所作出的努力，只要符合內在的心意，你就是屬於自己的人生的成功者。

在這個社會中，每個人都需要「自我實現」，這並不意味著人需要符合社會世俗評價。人生遇到困境，要先突破內在枷鎖。人生中的困難，多數沒有想像的困難，可是人的心魔會把困難放大。其實，困難只要逐步解決，困難就不再是困難。

人會感覺倦怠，甚至會有「放棄」的想法，常常就是因為在工作、生活、關係中遇到困難。但是，如果全盤仔細分析，就會發現人生中沒有全盤的好，也沒有全盤的不好，任何的事情都有美中不足。因此**對於一件事情的看法，不要只注意到當中的「不好」，也要看到當中的「好」**。人的心思意念確實會影響個人的行事方針，因此觀念與思想的導向，是有必要正面。因為思想影響行動，行動影響後續。

「克服倦怠」最重要的就是「重組思想」，要讓新的正面心思意念重新排列。因為倦怠有很多不同的因素與模式，所以學習**「拆解」倦怠，**這樣就能夠讓你所遇到的倦怠事項迎刃而解。同樣的事情對於不同的人，會產生不同的反應，也會產生不同的處理方式，因此要克服倦怠，就要讓個人的**思想「移步」**來看事情。

人生的牢籠，需要自己突破。因為牢籠就是心魔的隱形蓋。要衝出自己的人生牢籠，就要能夠在人生中「定義自己」。因為人有時候會把自己看小，誤以為個人卑微；人有時候會把自己看大，誤以為自己強大。其實，這兩者自我定義都不好。比較好的方式面對自我，就是要以「平常心」定義自己，讓自己在生活中不要患得患失。

人生不可能一帆風順。所有的風浪，如果你懂得掌握，都是一種助推。人遇到大浪，就算站在浪尖，如果你的能力足夠，站在浪尖上也能夠在海浪推進的過程中往前推進。生活容易讓自己四面受敵，其實外界的任何人都無法對我們產生傷害，除非你允許你的內在接收外在的毒素。困難如同載浮載沉於大海，其實如果你知道如何控局，你仍然能夠有所突破。

人活在這個世界上就會有生活牢籠。但是，你仍有解鎖牢籠的能力，因為解鎖內心牢籠的鑰匙在你手上。因此人要避免倦怠，讓自己快樂，就要知道在生活中避免陷入牢籠。

生活中的財務牢籠、親情牢籠、情感牢籠，都是會讓人「侷限快樂」。所以要在生活中突破內在牢籠，就需要讓自己能夠有空間與時間活出你想要的生活型態，適度地把責任推開，也就等於適度的把牢籠解鎖。

很多人會認為現在的不快樂，源自於過往成長的不幸福與工作的不順遂，會在腦中糾結於「如果」過往能夠改變，也許現在就不會如此不快樂。但是事實上，過往的一切已成事實，就不需要糾結於「如果」兩個字。**因為目前的你具有改變現在的能力，只要你願意改變，你就能「立即」改變，因為改變是從心態與思維做起。**

一代人有一代人的時代使命，一個人有一個人的自我實現。在人生的長河中，讓我們都可以在內心刪除沒有意義的干擾，在積極與休憩中得到生活平衡。

不要忘記，當你感到倦怠，請在你的生活中按下暫停鍵，因為所有的倦怠都有方法可以解決。人生的困難無所不在，但是不要忘記，任何的困難都有解決的方法，只不過方法可能與你預期的略有不同。人生的倦怠、心累、困難都是有方法可以克服，讓我所寫的這本書**『克服倦怠』三十種突破困難，心不累的生活進階法，**陪你一起走過倦怠時期，讓你心不累，不厭世，重塑人生。祝願所有的讀者們克服倦怠、突破困難、生活進階。

感謝六位推薦人

這本書的誕生，要感謝我的六位推薦人，在我創作的道路上，給予我很多前進的力量。他們都是我人生的貴人，讓我在寫作的生涯中，能夠持續自我督促，也讓我的對於「人生使命感」有更深的感悟。

感謝天下雜誌《換日線》頻道總編輯暨天下雜誌未來事業部數位營運總監：張翔一，以及**天下雜誌《換日線》副總監暨內容主編：林欣蘋**，這幾年對於我在《換日線》專欄的文章中給予我的建議以及編輯協助，讓我的文章能夠更好的展現在《換日線》。當我看到總監張翔一創刊《換日線》，並且實踐文創業的「堅持心」與「使命感」，讓我感受到「文字感染力」與「文字價值」，更堅信文字的「正向傳播力」。再加上《換日線》副總監林欣蘋與所有編輯協助管理事務與內容編輯，讓廣大的讀者群能夠了解到世界上各個國家的金融、法律、政治、社福、職場、教育、文化、旅遊、飲食等各類議題，天下雜誌《換日線》是在我心中最優質的刊物，讓讀者們能夠在了解各國天下事的過程中讓生活進階。

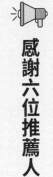

廣播金鐘獎得獎人：常勤芬老師，是我最敬重的老師，也是我這幾年最感覺心靈相通的朋友。常老師，在我的心中就是一個可以讓我放心聊天的大姐。於公於私，都和常老師有很多的思想相似點。常老師的思想豁達，對於自己的職涯與生活，都有卓越的能力以及豁達的想法。常老師是得獎最多的廣播金鐘獎主持人，在廣播界深度貢獻幾十年，教育了無數廣播界學生，投入於社會各個領域，讓我感覺這個社會上有許多堅持努力貢獻社會的人，常老師就是優秀代表之一。

《人間福報》資深主編：張慧心老師，也是《人間福報》藝文主任，出版著作十餘本。張惠心在文創界的堅持力量，讓我深感敬佩。張老師對於我在《人間福報：職場加油讚》的專欄，協助我了解在短文專欄的精簡中需要保留的精髓。除此之外，張老師在教育廣播電台的《教育行動家》節目，深受廣大聽眾的喜愛，是晨間族群中最喜愛的節目首選。《教育行動家》節目中各類議題的訪談，讓聽眾吸收豐富的知識，是名副其實的教育行動家。

《關鍵評論網》資深編輯：潘柏翰是一位非常有社會使命感的編輯。潘柏翰對於我在《關鍵評論網》專欄的文章非常認真給予很多好的建議，讓我在撰文時能夠在細節處更加精準。除此之外，潘柏翰在《關鍵評論網》當中有許多深度專題報導，讓社會大眾對於時事新聞有詳盡的深度解析，由此可以看出潘柏翰對於社會正向的努力。

明冠聯合法律事務所主持律師＆國防部公聘律師：陳冠仁律師是傑出的法律專家，在我創作的過程中，有關台灣的法律部分，陳律師是我經常請教的專業律師。非常感謝陳律師在我創作需要台灣法律內容協助的時候，只要簡訊聯絡，陳律師無論白天或是晚上都一定會立即提供專業法律資訊傳給我，由衷感謝。陳律師在法律上的堅持與專精，可以從他過往在三個法院的資深法律工作，以及主持兩間法律事務所，看出陳律師在法律堅持的道路上，不但具有個人進階的能力，更致力於協助遇到司法困難者，解決法律問題。

Big 392

克服倦怠：30種突破困難，心不累的生活進階法

作　者—彭孟嫻 Jessica Peng
主　編—林正文
封面設計—陳文德
美術編輯—李宜芝

董事長—趙政岷
出版者—時報文化出版企業股份有限公司
108019 台北市和平西路三段二四〇號七樓
發行專線—（〇二）二三〇六六八四二
讀者服務專線—〇八〇〇二三一七〇五
（〇二）二三〇四七一〇三
讀者服務傳真—（〇二）二三〇四六八五八
郵撥—一九三四四七二四時報文化出版公司
信箱—一〇八九九　台北華江橋郵局第九九信箱
時報悅讀網—http://www.readingtimes.com.tw
法律顧問—理律法律事務所　陳長文律師、李念祖律師
印　刷—勁達印刷有限公司
一版一刷—二〇二二年七月一日
定　價—新台幣三九〇元
（缺頁或破損的書，請寄回更換）

時報文化出版公司成立於一九七五年，
並於一九九九年股票上櫃公開發行，於二〇〇八年脫離中時集團非屬旺中，
以「尊重智慧與創意的文化事業」爲信念。

克服倦怠 : 30 種突破困難 , 心不累的生活進階法 / 彭孟嫻 (Jessica Peng) 撰文 .
-- 一版 . -- 臺北市 : 時報文化出版企業股份有限公司 , 2022.07
面；　公分 . -- (Big ; 392)

ISBN 978-626-335-611-5(平裝)

1.CST: 情緒管理 2.CST: 生活指導

176.5　　111009066

ISBN 978-626-335-611-5
Printed in Taiwan